U0906185

高职高专基于能力本位“十二五”规划教材

汽车发动机检测与维修工作页

主编：陈　斌　陈林锋　吴小兰
主审：皮治国　江　涛

机 械 工 业 出 版 社

本书以工作过程系统化为指导思想进行编写，目的是培养汽车维修专业学生胜任汽车售后服务工作的能力。本书一共由9个学习项目组成，即拆卸发动机，清洗并认识发动机零件，装配发动机，认识、检修气缸体与曲柄连杆机构，认识、检修气缸盖与配气机构，认识、检修空气供给系统，认识、检修燃油与点火系统，认识、检修冷却与润滑系统，认识、检修发动机辅助系统。

本书既可以作为职业院校汽车专业学生的教学用书，也可以作为职业技能培训和其他从事相关专业人员的参考书。

图书在版编目(CIP)数据

汽车发动机检测与维修工作页/陈斌，陈林锋，吴小兰主编．—北京：机械工业出版社，2013.1

高职高专基于能力本位“十二五”规划教材

ISBN 978-7-111-40627-3

Ⅰ. ①汽…　Ⅱ. ①陈…②陈…③吴…　Ⅲ. ①汽车—发动机—故障检测—高等职业教育—教材②汽车—发动机—车辆修理—高等职业教育—教材　Ⅳ. ①U472.43

中国版本图书馆CIP数据核字(2012)第284478号

机械工业出版社(北京市百万庄大街22号　邮政编码100037)

策划编辑：连景岩　责任编辑：连景岩　杜凡如

版式设计：闫玥红　责任校对：王　欣

封面设计：鞠　杨　责任印制：乔　宇

北京铭成印刷有限公司印刷

2013年1月第1版第1次印刷

184mm×260mm · 10.25印张 · 248千字

0001—3000册

标准书号：ISBN 978-7-111-40627-3

定价：29.80元

凡购本书，如有缺页、倒页、脱页，由本社发行部调换

电话服务	网络服务
社服务中心：(010)88361066	教材网：http://www.cmpedu.com
销售一部：(010)68326294	机工官网：http://www.cmpbook.com
销售二部：(010)88379649	机工官博：http://weibo.com/cmp1952
读者购书热线：(010)88379203	**封面无防伪标均为盗版**

前　　言

近几年来，我国职业教育进行了不少改革，很多学校积极引进国外先进职教模式，对职业教育的课程体系、教学方法都进行了大胆的创新。但目前这些改革仍然存在一定的局限性，难以落到实处。自2008年至今，在世界银行职业教育改革贷款项目的支持下，广东省轻工业技师学院汽车维修专业开展了“能力本位、学生中心”为指导思想的课程教学改革。在此次改革中，打破了传统的“基础课、专业基础课、专业课”的三段式模式，同时改变以“教师、教室、教材”为核心的三中心特征，将专业知识、专业技能、情感态度和过程评价融为一体，在课堂上真正实现以学生为中心的自主学习模式。要将改革落实到课堂中，必须有相配套的教材。于是，我们编写了《汽车发动机检测与维修工作页》等一系列以新的教育教学理念为指导思想的相关教材。

本教材的编写思想是：首先进行市场需求调研，确定就业岗位；再通过工作岗位分析得出典型工作任务，接着制订基于典型工作任务的能力标准，将行动领域转为学习领域，然后制订教学实施方案，开发教、学材料，最后进行评价。在编写中，笔者坚持以就业为导向原则、以能力本位为学习原则、以工作过程系统化为培养原则。

本教材的结构是：以项目为单元。每个项目包括教师教案、学生工作页和学生学材三大部分，且构成了教师“教”与学生“学”的整体，可同时满足教师教学和学生学习的需要。教师教案包括能力目标、教师准备、课时分配、教学过程、学生准备、小组信息；学生工作页是学生自主合作学习的指引性资料；教材是学生学习的主要参考资料。

本教材的特色是：通过让学生完成典型工作任务，强调学生的自主学习，突出学习的主动性和有效性，从而达到提高学生技能的目的。学习目标就是工作目标，既能体现职业教育的能力要求，又能具有鲜明的工作特征，工作页中并不全部直接给出学习内容，而是需要学生通过开放性的引导问题和拓展性学习内容去主动获取，旨在培养学生的自主学习能力，从而使学生能够进一步理解技术知识并提高解决问题的能力；尽量营造接近现实的工作环境，从活动设置、文字表达、插图到学习内容的安排，都鼓励学生去主动获得学习和工作的体验。这需要教师转换角色，从一名技术知识的传授者，转化为提高学生综合职业能力的促进者、学习任务的策划者、学习行动的组织动员者、学习资源的提供者、制订计划与实施计划的咨询者、学习过程的监督者以及学习绩效的评估和改善者，即教师的多元化角色转变。

本教材主要内容是汽车发动机的构造、原理及其检修。由陈斌、陈林锋、吴小兰担任主编，由皮治国和江涛主审，其他编写成员有李锦波、陈华强、徐海波、罗全财、曹团结、廖发有和钟贵麟。由于汽车技术发展很快，新技术、新工艺层出不穷，加上编者的水平有限，教材内容难免有不恰当和错误的地方，请读者给予批评指正。

编　者

目　录

项目一　拆卸发动机

能力目标

知识目标

1. 说明发动机零件拆卸的原则规范；
2. 解释常见的零件装配连接方式；
3. 解释螺纹连接的特点及力矩原理；
4. 说明发动机装配图的识读方法；
5. 说明工具的用途与用法；
6. 说明发动机主要零件的名称；
7. 说明发动机各零件的材质及基本加工方法；
8. 解释发动机各零件的结构特点；
9. 说明其他发动机同类零件的不同结构；
10. 说明发动机各零件的装配关系；
11. 解释发动机各零件的位置配合关系；
12. 说明发动机废料的处理方法。

技能目标

1. 会识读发动机装配图；
2. 会摆放工具设备；
3. 会选用并熟练使用工具设备；
4. 会拆卸发动机零部件；
5. 会摆放拆卸下的发动机零件；
6. 会处理和回收废料；
7. 会运用参考资料及网络查询相关信息来帮助拆卸。

态度目标

1. 能按时出勤；
2. 能尊重老师，团结同学；
3. 能服从老师、组长的安排；
4. 能主动改正错误，学习他人长处；
5. 能主动按要求进行着装；
6. 能主动遵守安全操作规范；

7. 能积极主动完成学习任务；
8. 能与同学协同完成发动机拆卸；
9. 能爱护工具及教学设备；
10. 能积极主动清洁工具、设备、车间。

教师准备

准备项目	准备内容	准备情况
资料准备	学生工作页、教材及相关教学视频	
工具准备	工具箱、呆扳手、梅花扳手、活动扳手、螺钉旋具、钢丝钳、尖嘴钳、鲤鱼钳、铁锤、橡胶锤、铜棒、T形套筒、套筒、扭力扳手、活塞安装器、活塞环拆装夹	
场地与设备准备	工作台6张、发动机拆装台架6套、零件盆12个、油盆6个、多媒体系统1套、椅子45张	
材料准备	抹布、洗衣粉	

注：各准备项目准备完毕后在“准备情况”一栏注明已完成。

课时分配

活　　动	活动内容	课　时	总课时
活动一	入学与车间安全教育	8	30
活动二	认识发动机拆卸工具	6	
活动三	学习拆卸基础	6	
活动四	拆卸发动机	8	
活动五	学习总结与评价	2	

教学过程

活　动	活动过程	教学方法	课　时
活动一	入学与车间安全教育 1. 活动导入，说明本活动的目的及意义，强调安全注意事项； 2. 让学生分组、相互认识、取好组名，说明课堂的组织形式，鼓励学生积极参与活动； 3. 老师强调课堂纪律及要求，说明能力本位、项目教学的意义及要求，让学生接受能力本位课程体系、学生为中心的课堂组织形式； 4. 分组认识汽车维修车间常见危险源及应对措施，学习车间安全操作规范，完成工作页； 5. 让学生对相关评价点进行自评、互评，强调公平公正； 6. 老师对各组及学生表现进行总结点评，强调态度表现。	小组讨论 教师辅导 学生自学	8
活动二	认识发动机拆卸工具 1. 活动导入，说明本活动的目的及意义，强调安全注意事项； 2. 分组认识工具，让学生知道工具名称及功能用途，理解工具使用规范原则，完成工作页； 3. 分组摆放工具，要求学生对工具箱内工具进行合理摆放，完成工作页； 4. 让学生对相关评价点进行自评、互评，强调公平公正； 5. 老师对各组及学生表现进行总结点评，强调态度表现。	小组讨论 学生自学 教师辅导	6
活动三	学习拆卸基础 1. 活动导入，说明本活动的目的及意义； 2. 分组让学生识读常见发动机装配图，能在装配图中区分各零件及其装配连接关系，完成工作页； 3. 分组让学生理解螺纹连接的特点、力矩的原理及拆装螺栓和螺母的注意事项，完成工作页； 4. 让学生对相关评价点进行自评、互评，强调公平公正； 5. 老师对各组及学生表现进行总结点评，强调态度表现。	小组讨论 学生自学 教师辅导	6
活动四	拆卸发动机 1. 活动导入，说明本活动的目的及意义，强调安全注意事项； 2. 观看发动机拆卸视频或教师示范拆卸发动机，让学生记录拆卸过程及注意事项，然后分组讨论总结拆卸顺序及规范，完成工作页； 3. 分组让学生拆卸发动机，要求按规范拆卸和摆放零件与工具，记录拆卸过程，完成工作页； 4. 让学生对相关评价点进行自评、互评，强调公平公正； 5. 老师对各组及学生表现进行总结点评，强调态度表现。	教师参与 小组讨论 引导文法 学生操作 教师监督 教师辅导	8

（续）

活　动	活 动 过 程	教 学 方 法	课　时
活动五	学习总结与评价 1. 让学生对本项目的学习进行总结及评价，完成工作页； 2. 分组进行自评、互评，要求客观公正，完成评价表格； 3. 组织各组进行组内表扬（自我表扬）与批评（自我批评）活动，包括知识、技能、态度三方面； 4. 老师对本项目的教学内容进行总结，对各组的总结评价进行补充和点评。	教师参与 课堂对话 小组讨论	2

学生准备

准 备 项 目	准 备 内 容	准 备 情 况
着装准备	穿工作服，禁止穿拖鞋、凉鞋	
文具准备	圆珠笔或钢笔、铅笔、草稿纸、笔记本	
资料准备	学生工作页和教材	
工具准备	工具箱、呆扳手、梅花扳手、活动扳手、螺钉旋具、钢丝钳、尖嘴钳、鲤鱼钳、铁锤、橡胶锤、铜棒、T形套筒、套筒、扭力扳手、活塞安装器、活塞环拆装夹	

注：各准备项目准备完毕后在“准备情况”一栏注明已完成。

小组信息

组　名		人　数		
组　长				
口　号				
组　员				

学生工作页

【活动一　入学与车间安全教育】

听老师讲解能力本位课程体系和以学生为中心的教学特点，回答下列问题

1. 能力本位课程体系最主要的特点是什么?

2. 从老师的讲解中，你觉得能力本位课程体系与以往的学科体系哪个更适合你，为什么?

3. 将来的课堂将以学生为主角，你觉得应该怎样发挥你的主角作用呢?

4. 你认为在学校学习专业技术重要，还是学习做人做事重要?为什么?

听老师讲解项目教学课堂的具体要求，完成下列问题

1. 按时上下课，禁止迟到、早退、旷课，迟到、早退半节课以上当________，旷课累计达到________节，给予________处分。

2. 遵守课堂、实习纪律，禁止玩手机、游戏机、看小说等与课堂学习无关的活动，玩手机累计被发现________次便由老师没收保管。

3. 有事需离开课室时，必须向________请示，同意后方可离开。

4. 上课期间必须将手机调成________，有事需接电话时要向老师请示，老师同意后到________接听。

5. 在课堂中要服从________或________的安排，如有意见事后再提出解决。

6. 在课堂中要积极参与各项教学活动，积极完成________和工作页，活动结束后主动________。

7. 积极参与项目教学过程评价中的________和________，评价务必做到________，如发现未按要求进行评价，则________。

小组学习讨论车间安全知识，完成下列问题

1. 汽车维修车间常见的危险源有哪些？分别应如何预防？

2. 当发生汽油等易燃物着火时，火势较小时应________，不要试图用________去扑灭汽油火，当火势较大无法控制时应________。

3. 当发生电线短路着火时，首先应________，然后________，当火势较大无法控制时，应________。

4. 当发现有人触电时，首先应________，然后________。

5. 为避免机械损伤，在车间（课室）应穿________，禁止穿________；如未遵守，则________，最重要的是遵守________，避免疏忽大意造成伤害。

6. 汽油在________态时最危险，维修车间应注意保持________。

7. 如果你或其他人在车间（课室）受伤，应立即通知________。参加工作后如果发生同类事情，应立即通知________。

8. 写出下列标志的意义。

________ ________ ________ ________

________ ________ ________ ________

小组合作，练习安全操作

1. 练习用正确姿势搬、抬重物，总结动作要领，如果姿势不正确，可能导致________。
2. 了解车间灭火器的位置及数量，检查并记录各灭火器的类型和技术状况。
3. 学习灭火器的使用方法，当需要使用灭火器时，第一步：______，第二步：______。

【活动二 认识发动机拆卸工具】

小组学习，完成下列问题

1. 写出下列工具的名称（含专业名、俗名、别名）。

名称：________ 名称：________

名称：________ 名称：________

名称：________ 名称：________

名称：________ 名称：________

名称：________ 名称：________

名称：________ 名称：________

名称：________ 名称：________

名称：________ 名称：________

名称：________ 名称：________

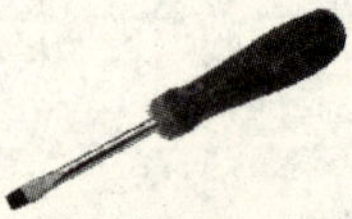

名称：________  名称：________

名称：________ 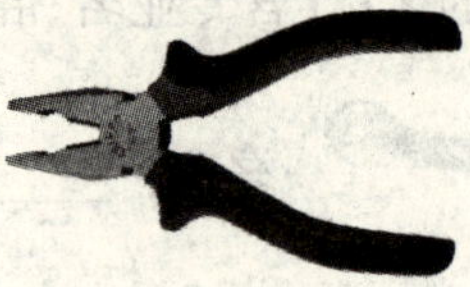 名称：________

名称：________  名称：________

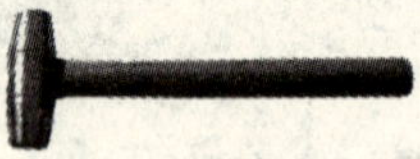

名称：________

2. 选择拆卸螺栓或螺母的工具时应注意什么？

3. 使用扭力扳手时应注意什么？

4. 使用锤子时应注意什么？

5. 使用钳子时应注意什么？

6. 使用螺钉旋具时应注意什么？

小组合作，摆放工具

1. 将工具进行分类，合理摆放至工具箱。
2. 记录工具箱各位置摆放情况。

第一层 左：　　　　　　　　第一层 右：

第二层 左：　　　　　　　　第二层 右：

底层：

【活动三　学习拆卸基础】

分组学习讨论，回答下列问题

1. 公差的概念是什么？

2. 为什么要设计公差？

3. 解释下列术语。

过盈配合：

过渡配合：

间隙配合：

4. 机械零件常采用什么连接方式？

其中发动机中最常见的连接方式：__________________。

5. 键连接有哪些类型？

花键连接有哪几种？汽车上常用哪种？

6. 写出下列连接的类型、特点及适用范围。

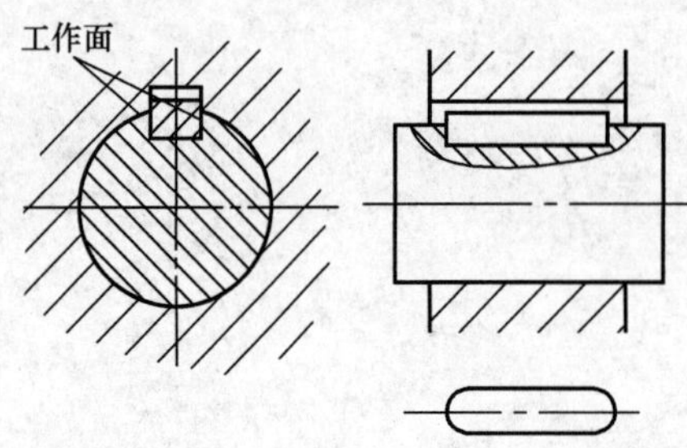

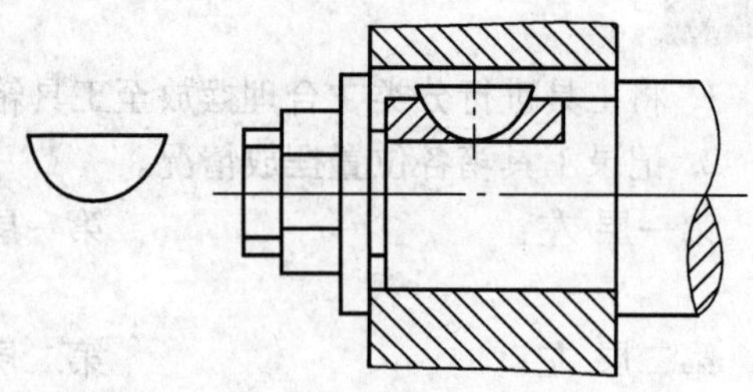

类型：

特点：

适用范围：

类型：

特点：

适用范围：

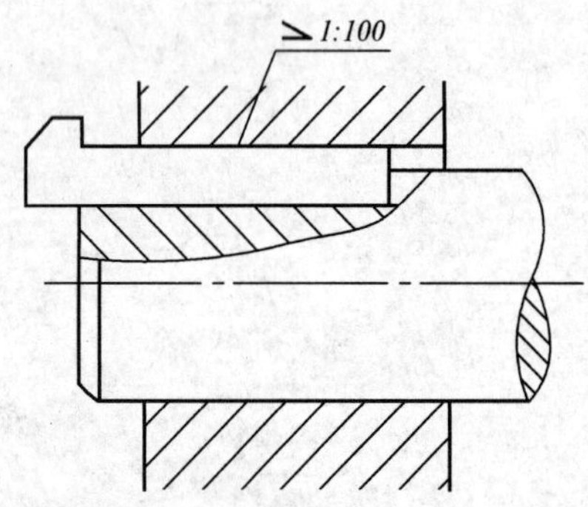

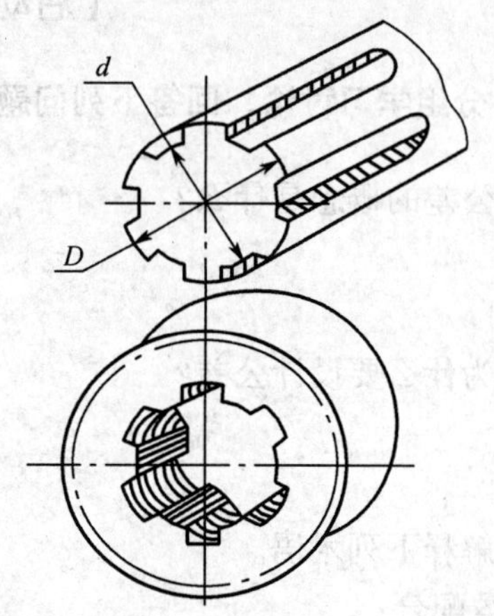

类型：

特点：

适用范围：

类型：

特点：

适用范围：

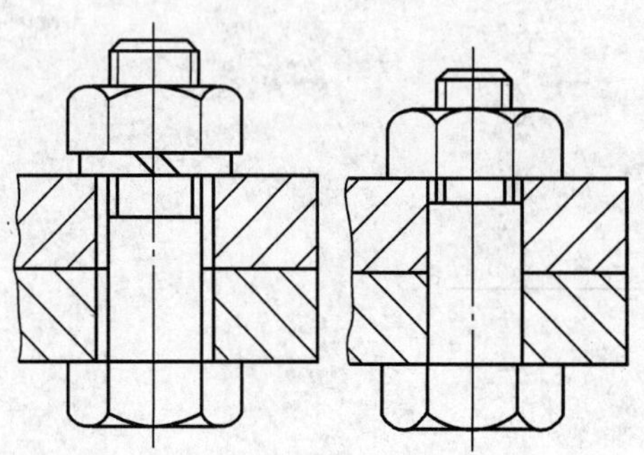

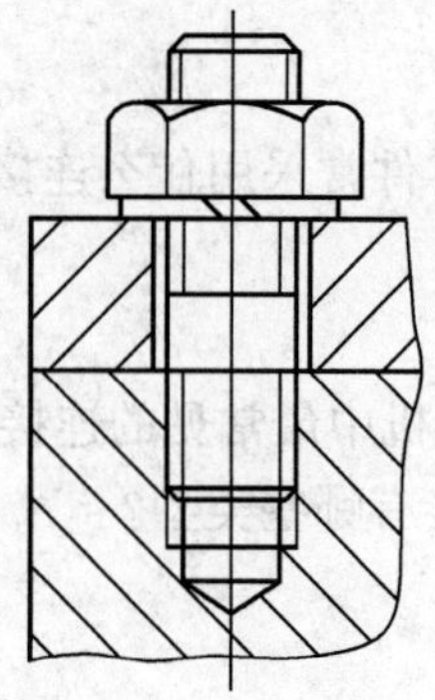

类型：

特点：

适用范围：

类型：

特点：

适用范围：

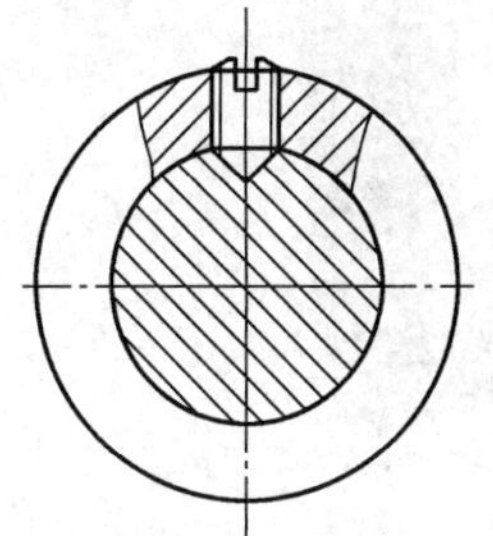

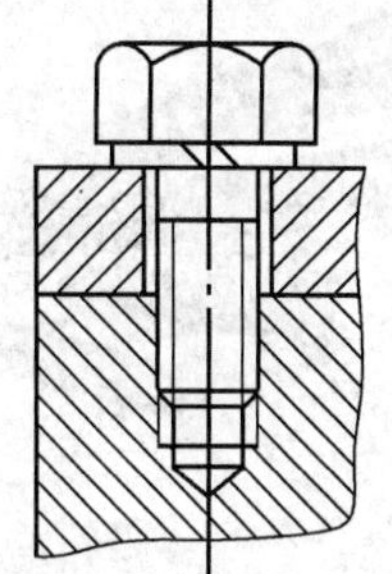

类型：________________　　类型：________________

特点：________________　　特点：________________

适用范围：____________　　适用范围：____________

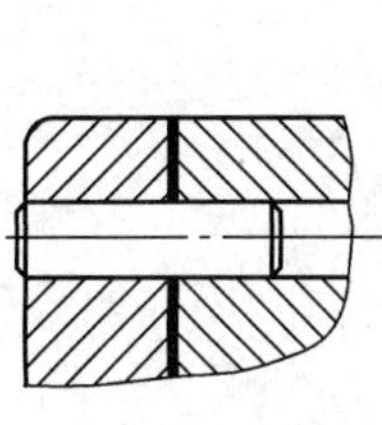

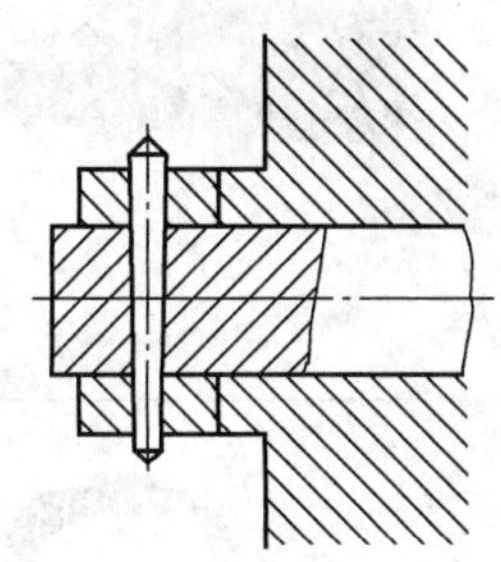

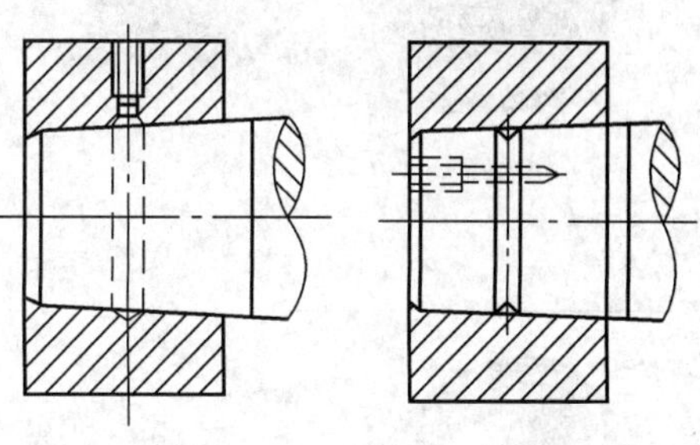

类型：________________　　类型：________________

特点：________________　　特点：________________

适用范围：____________　　适用范围：____________

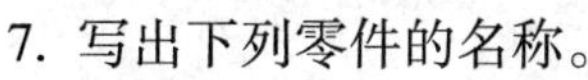

7. 写出下列零件的名称。

________________　　________________

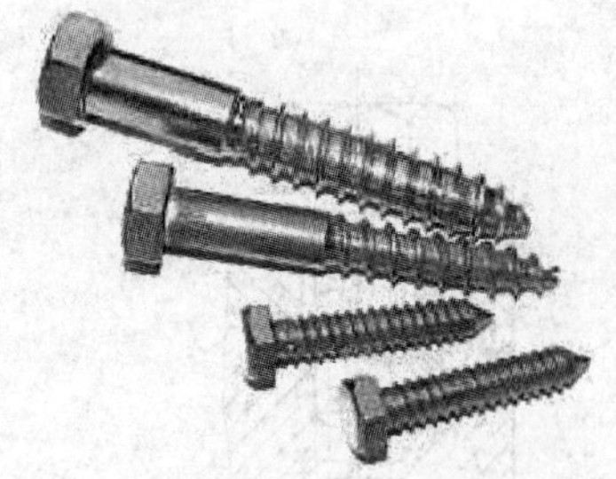

8. 写出下列螺纹防松的方式。

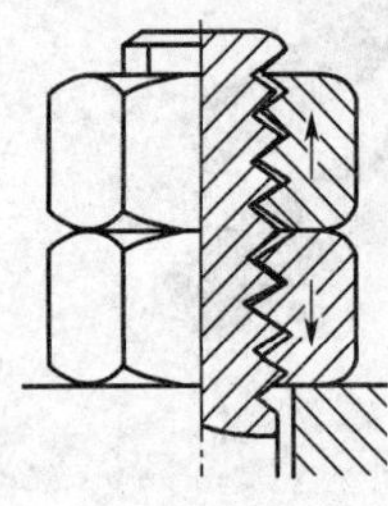

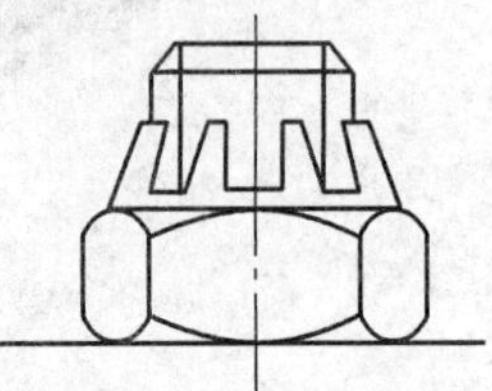

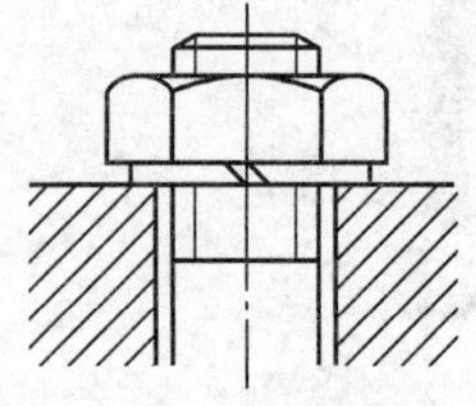

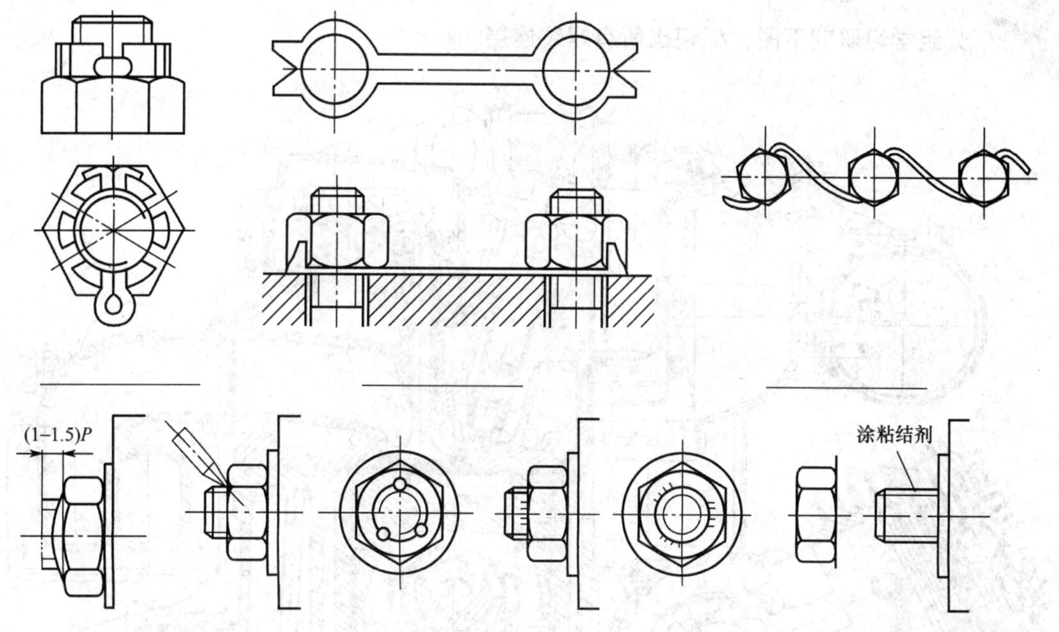

9. 在图中标出下列螺栓或螺母的拧紧顺序。

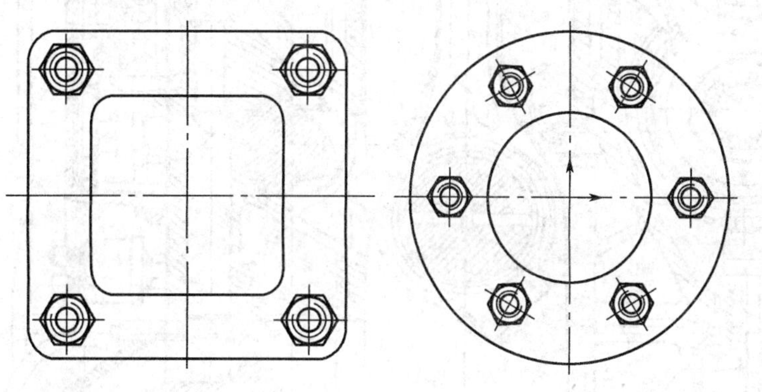

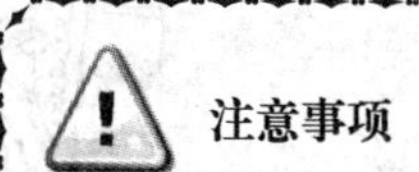

注意事项

动动脑筋，尝试找出与教材上不同的拧紧顺序。

这样拧紧的理由：

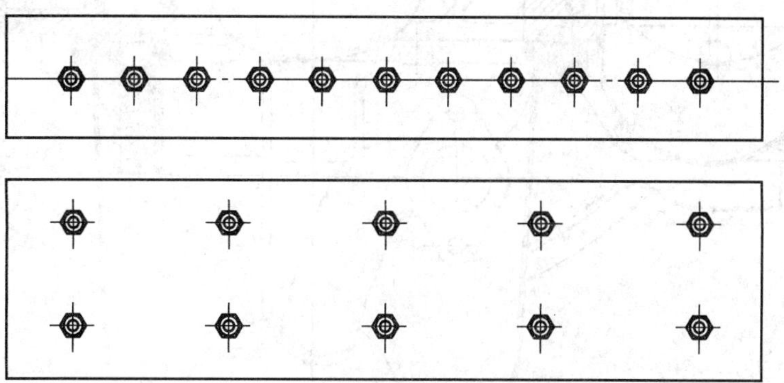

这样拧紧的理由：

分组学习研究下图，标记出所有螺纹连接

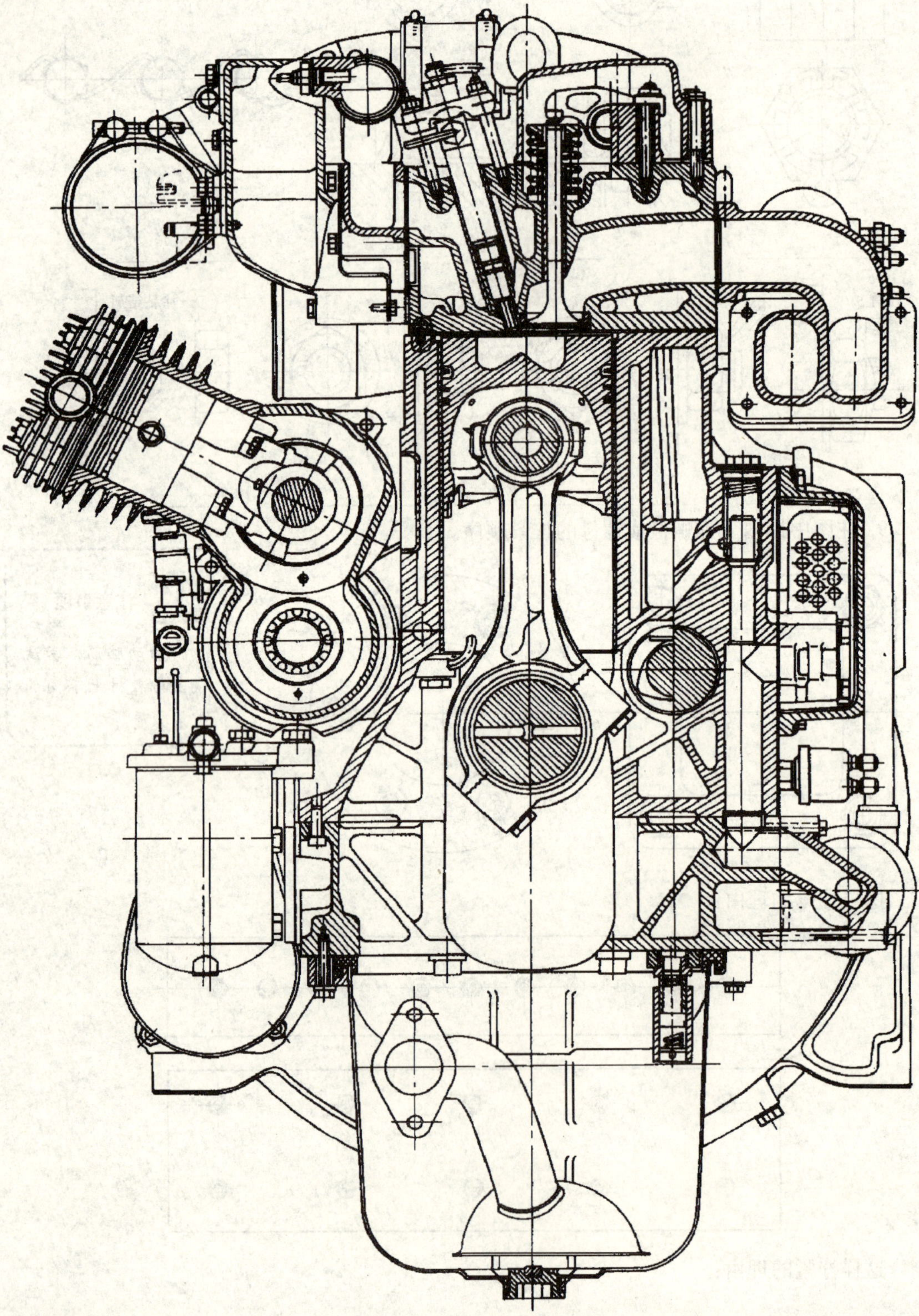

收拾工具，清洁场地

1. 各小组清洁各自工位，包括设备、工作台、地面。
2. 值日生打扫公共区域卫生。

注意事项

1. 收尾工作每个成员必须参与，严禁坐享其成；

2. 老师未宣布下课，严禁退场。

【活动四　拆卸发动机】

发动机拆卸准备

1. 观看发动机拆装视频，记录视频中发动机拆装的步骤及注意事项。

注意事项

只记录主要步骤和注意事项，否则难以跟上视频的速度。

2. 小组学习发动机拆卸的注意事项，用自己的话进行总结。

注意事项

参考视频和教材，进行总结，不要照搬照抄。

3. 小组讨论，拟定本组拆卸发动机的具体方案，包括组内分工情况。

注意事项

1. 积极参与讨论活动，不可置身事外；

2. 分工要明确，务必让每个组员都参与。

小组合作，拆卸发动机

1. 拆卸发动机附件，记录拆卸步骤。

注意事项

1. 拆零件之前务必记住其装配位置关系，防止装配时装错；

2. 拆下的零件按顺序摆放整齐，且注意放稳，防止掉下伤人；

3. 尽量将拆下的螺栓螺母配对套好。

2. 拆卸发动机机体组，记录拆卸步骤。

注意事项

1. 拆卸缸盖螺栓时注意拆卸顺序，缸盖上的配气机构零件不需要拆卸；

2. 抬下缸盖时注意抓稳，防止砸伤脚；

3. 油底壳螺塞拆完后放在油底壳内，防止丢失。

3. 拆卸曲柄连杆机构，记录拆卸步骤。

注意事项

1. 拆卸轴承盖前注意其上有无记号，如没有则需做记号，包括方向和顺序；

2. 拆下活塞连杆组时，务必将轴承盖按原位置套好，然后按顺序摆放。

注意事项

1. 收尾工作每个成员必须参与，严禁坐享其成；

2. 地面的油水必须清理干净；

3. 老师未宣布下课，严禁退场。

收拾工具，清洁场地

1. 将工具擦拭干净并收拾好，放到指定位置。
2. 各小组清洁各自工位，包括设备、工作台、地面。
3. 值日生打扫公共区域卫生。

【活动五　学习总结与评价】

总结自己在此次学习活动中的表现

1. 回顾你在本项目中学到了哪些专业知识和技能。

注意事项

认真总结前阶段学习情况，注意利用课外时间复习薄弱点。

2. 对自己在此次学习活动中的态度表现进行评价。
优点和进步：

不足之处及改善方法：

3. 每组安排一名组员进行自我表扬与批评。

注意事项

1. 对自己及组员的评价务必做到客观公正，目的是让自己及组员表现更好；

2. 改善方法要切合实际，切忌说大话；

3. 发言的同学请注意用词用意，尽量放开嗓音，表现自信；

4. 对他人提出的批评与意见要虚心接受，不要心存敌意。

4. 小组内进行自评、互评，在评价表中给出相应分数，完成后上交指导老师。

5. 轮值组长对组员进行表扬与批评。

6. 记录组长及组员对你的评价及建议。

优点和进步：

不足之处及改善方法：

项目二　清洗并认识发动机零件

能力目标

知识目标

1. 说明机油、油渍溶解特性；
2. 说明各种清洗剂的特性；
3. 解释发动机零件清洗的注意事项；
4. 说明清洗废物的处理方法；
5. 说明发动机主要零件的名称；
6. 说明发动机各零件的材质及基本加工方法；
7. 解释发动机各零件的结构特点；
8. 说明其他发动机同类零件的不同结构。

技能目标

1. 会选用清洗剂；
2. 会清洗发动机零件；
3. 会风干（干燥）清洗过的零件；
4. 会摆放清洗完的零件；
5. 会处理清洗后的废物；
6. 会运用参考资料及网络查询相关信息来帮助清洗工作。

态度目标

1. 能按时出勤；
2. 能尊重老师，团结同学；
3. 能服从老师、组长的安排；
4. 能主动改正错误，学习他人长处；
5. 能主动按要求进行着装；
6. 能主动遵守安全操作规范；
7. 能积极主动完成学习任务；
8. 能与同学协同完成零件清洗工作；
9. 能爱护工具及教学设备；
10. 能积极主动清洁工具、设备、车间。

教师准备

准备项目	准备内容	准备情况
资料准备	学生工作页、教材及相关教学视频	
工具准备	钢丝刷、毛刷、压缩空气枪、游标卡尺	
场地与设备准备	工作台6张、压缩空气系统1套、零件盆12个、多媒体系统1套、椅子45张	
材料准备	金属洗涤剂、抹布、洗衣粉、A4纸	

注：各准备项目准备完毕后在“准备情况”一栏注明已完成。

课时分配

活　动	活动内容	课　时	总课时
活动一	清洗发动机零部件	6	18
活动二	认识发动机零部件	6	
活动三	测绘发动机零件	4	
活动四	学习总结与评价	2	

教学过程

活　动	活动过程	教学方法	课　时
活动一	清洗发动机零部件 1. 活动导入，说明本活动的目的及意义，强调安全注意事项； 2. 分组学习发动机零件清洗的基础知识，包括机油、油渍的溶解特性、清洗剂的特性以及环保要求，完成工作页； 3. 分组学习发动机零件清洗的各项注意事项，完成工作页； 4. 分组让学生按规范清洗发动机各零部件，风干并摆放好各零部件，完成工作页； 5. 让学生对相关评价点进行自评、互评，强调公平公正； 6. 老师对各组及学生表现进行总结点评，强调态度表现。	教师辅导 学生操作 小组讨论	6

（续）

活　动	活动过程	教学方法	课　时
活动二	认识发动机零部件 1. 活动导入，说明本活动的目的及意义，强调安全注意事项； 2. 分组让学生认识发动机各零部件，写出各零件名称、材质及制造方法，理解各零件的结构特点、装配配合关系等，完成工作页； 3. 学生分组将各零部件按系统进行归类，完成工作页； 4. 让学生对相关评价点进行自评、互评，强调公平公正； 5. 老师对各组及学生表现进行总结点评，强调态度表现。	教师辅导 学生自学	6
活动三	测绘发动机零件 1. 活动导入，说明本活动的目的及意义，强调安全注意事项； 2. 分组学习游标卡尺的使用方法及注意事项，发动机零件图的绘制方法，完成工作页； 3. 每人选择一个发动机零件进行零件测绘，完成工作页； 4. 让学生对相关评价点进行自评、互评，强调公平公正。	教师辅导 学生操作	4
活动四	学习总结与评价 1. 让学生对本项目的学习进行总结及评价，完成工作页； 2. 分组进行自评、互评，要求客观公正，完成评价表格； 3. 组织各组进行组内表扬（自我表扬）与批评（自我批评）活动，包括知识、技能、态度三方面； 4. 老师对本项目的教学内容进行总结，对各组的总结评价进行补充和点评。	教师参与 课堂对话	2

学生准备

准备项目	准备内容	准备情况
着装准备	穿工作服，禁止穿拖鞋、凉鞋	
文具准备	圆珠笔或钢笔、铅笔、直尺、三角尺、圆规、草稿纸、笔记本	
资料准备	学生工作页、教材	
工具准备	钢丝刷、毛刷、压缩空气枪、游标卡尺	

注：各准备项目准备完毕后在“准备情况”一栏注明已完成。

小组信息

组　名			人　数	
组　长				
口　号				
组　员				

学生工作页

【活动一　清洗发动机零部件】

小组学习，完成下列问题

1. 发动机零件上的污渍是怎么形成的？

2. 拆卸发动机后，为什么要对零部件进行清洗？

注意事项

1. 每位成员要主动参与小组讨论学习；

2. 在工作页上的笔记或记录要求书写工整，禁止乱写、乱画；

3. 每个问题的答案必须是小组成员讨论通过的答案；

4. 对自己提出的意见做出标记，也可将自己认为正确但未被小组采纳的答案写在旁边。

3. 常用的发动机零件清洗剂有哪些？各自的特点是什么？

4. 发动机零件清洗过程中有哪些注意事项？

注意事项

1. 清洗发动机零部件时注意轻拿轻放，避免损坏零部件；

2. 清洗完后注意清洁场地。

5. 按照环保要求，清洗完发动机的废水应怎样处置？

6. 使用压缩空气应注意什么？

小组合作，清洗并风干发动机零部件

1. 你使用的清洗剂是哪种？

2. 你主要清洗了哪些零部件？

3. 使用压缩空气吹干发动机零部件时，你遇到了什么问题？你是如何解决的？

小组合作，摆放好各零部件

1. 将工作台清理干净。
2. 将风干的零部件按要求摆放整齐。

小组讨论，完成下面问题

1. 说说学校采用的清洗零部件的方法存在什么问题？

2. 维修厂现在常采用什么方法清洗零部件？

收拾工具，清洁场地

1. 将工具擦拭干净并收拾好，放到指定位置。
2. 各小组清洁各自工位，包括设备、工作台、地面。
3. 值日生打扫公共区域卫生。

【活动二　认识发动机零部件】

小组讨论学习，完成下列空格

名称：________________

属于：________________

常用材料：________________

附加描述：________________

名称：________________

属于：________________

常用材料：________________

附加描述：________________

名称：________________

属于：________________

常用材料：________________

附加描述：________________

名称：________________

属于：________________

常用材料：________________

附加描述：________________

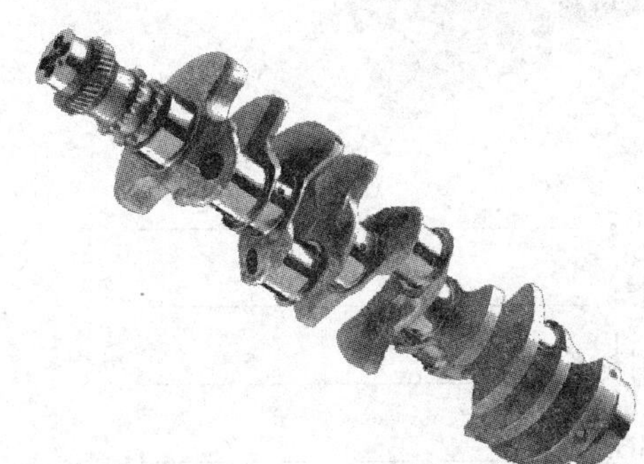

名称：________________

属于：________________

常用材料：________________

附加描述：________________

名称：________________

属于：________________

常用材料：______________

附加描述：______________

名称：________________

属于：________________

常用材料：______________

附加描述：______________

名称：________________

属于：________________

常用材料：______________

附加描述：______________

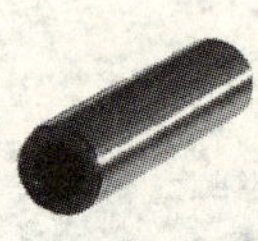

名称：________________

属于：________________

常用材料：______________

附加描述：______________

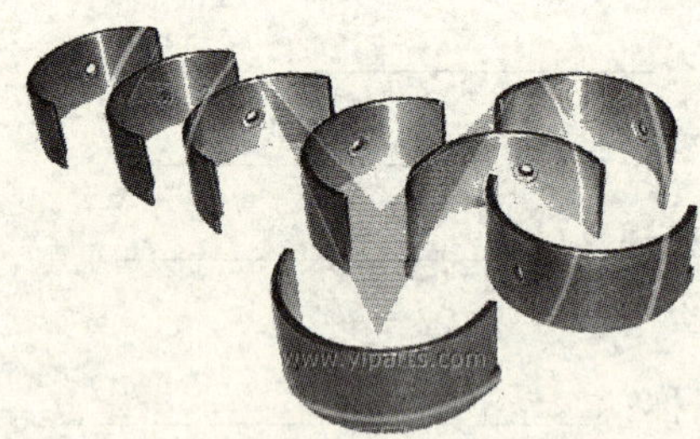

名称：________________

属于：________________

常用材料：______________

附加描述：______________

名称：________________

属于：________________

常用材料：______________

附加描述：______________

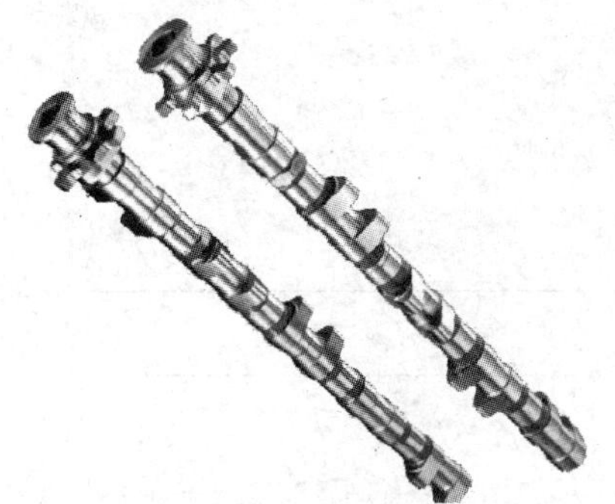

名称：________________

属于：________________

常用材料：________________

附加描述：________________

名称：________________

属于：________________

常用材料：________________

附加描述：________________

名称：________________

属于：________________

常用材料：________________

附加描述：________________

名称：________________

属于：________________

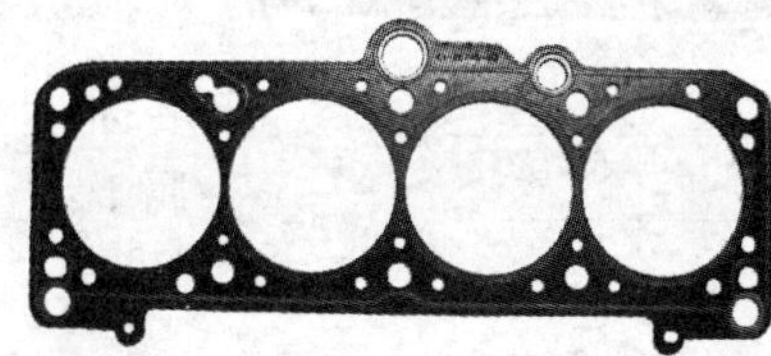

名称：________________

属于：________________

名称：________________

属于：________________

名称：____________________

属于：____________________

名称：__________

属于：__________

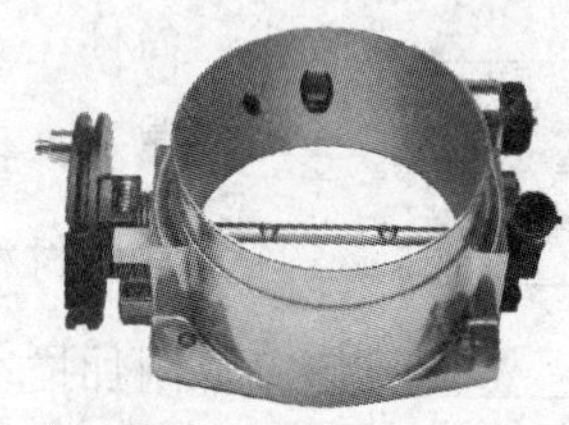

名称：__________

属于：__________

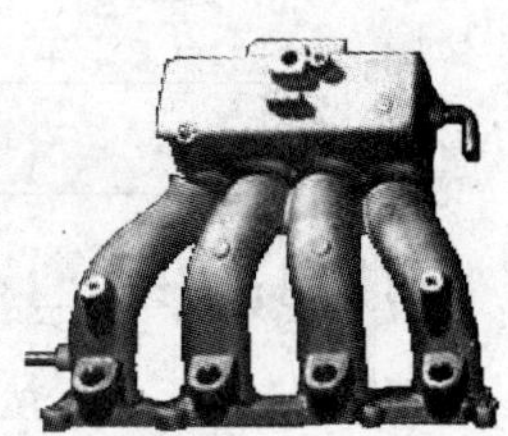

名称：__________

属于：__________

名称：__________

属于：__________

名称：__________

属于：__________

名称：__________

属于：__________

名称：__________

属于：__________

名称：__________

属于：__________

名称：__________

属于：__________

名称：__________

属于：__________

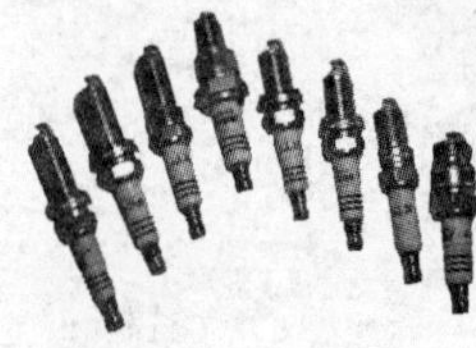

名称：__________

属于：__________

名称：__________

属于：__________

名称：__________

名称：__________

名称：__________

名称：__________

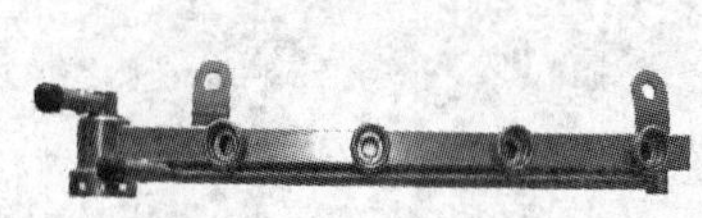

名称：__________

名称：__________

名称：__________

名称：__________

名称：__________

名称：__________

名称：__________

小组讨论学习，完成下列任务

1. 写出下列发动机图中的零件名称。

用你已有的知识，对该图进行分析、描述并与其他组员进行分享。

描述：

注意事项

对该图的描述可从发动机品牌、结构形式、结构特点等各方面进行描述，尽量展示你对该图的了解。

用你已有的知识，对该图进行分析、描述并与其他组员进行分享。

描述：

注意事项

对该图的描述可从发动机品牌、结构形式、结构特点等各方面进行描述，尽量展示你对该图的了解。

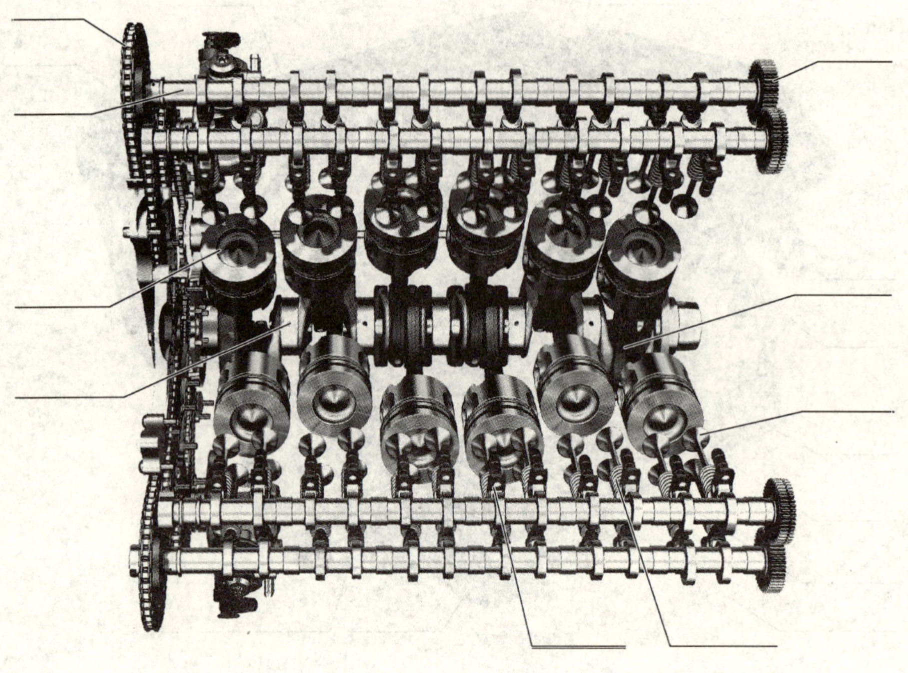

用你已有的知识，对该图进行分析、描述并与其他组员进行分享。

描述：

注意事项

对该图的描述可从发动机品牌、结构形式、结构特点等各方面进行描述，尽量展示你对该图的了解。

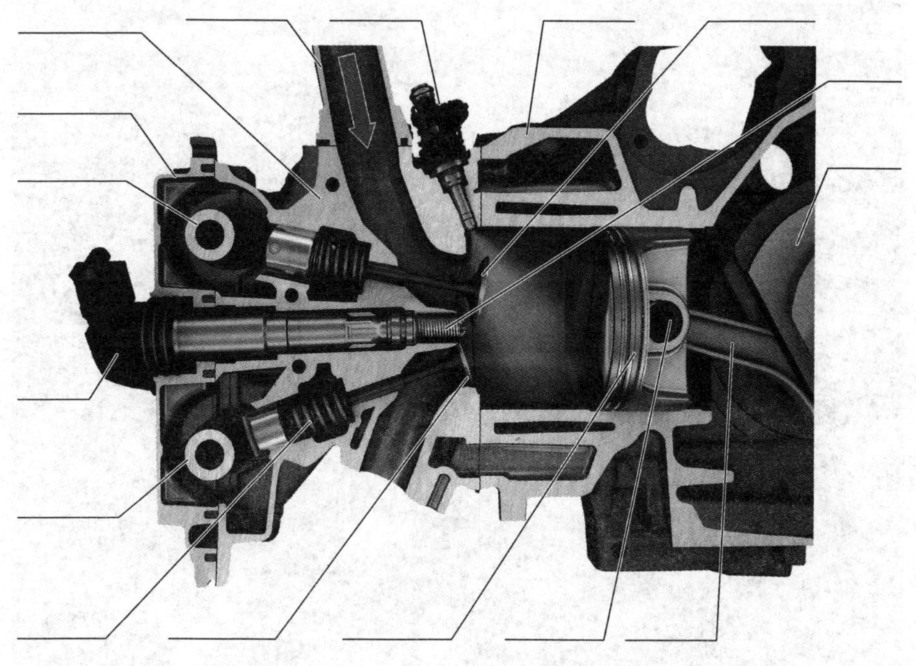

用你已有的知识，对该图进行分析、描述并与其他组员进行分享。

描述：

注意事项

对该图的描述可从发动机品牌、结构形式、结构特点等各方面进行描述，尽量展示你对该图的了解。

2. 小组认识下图中的零部件。

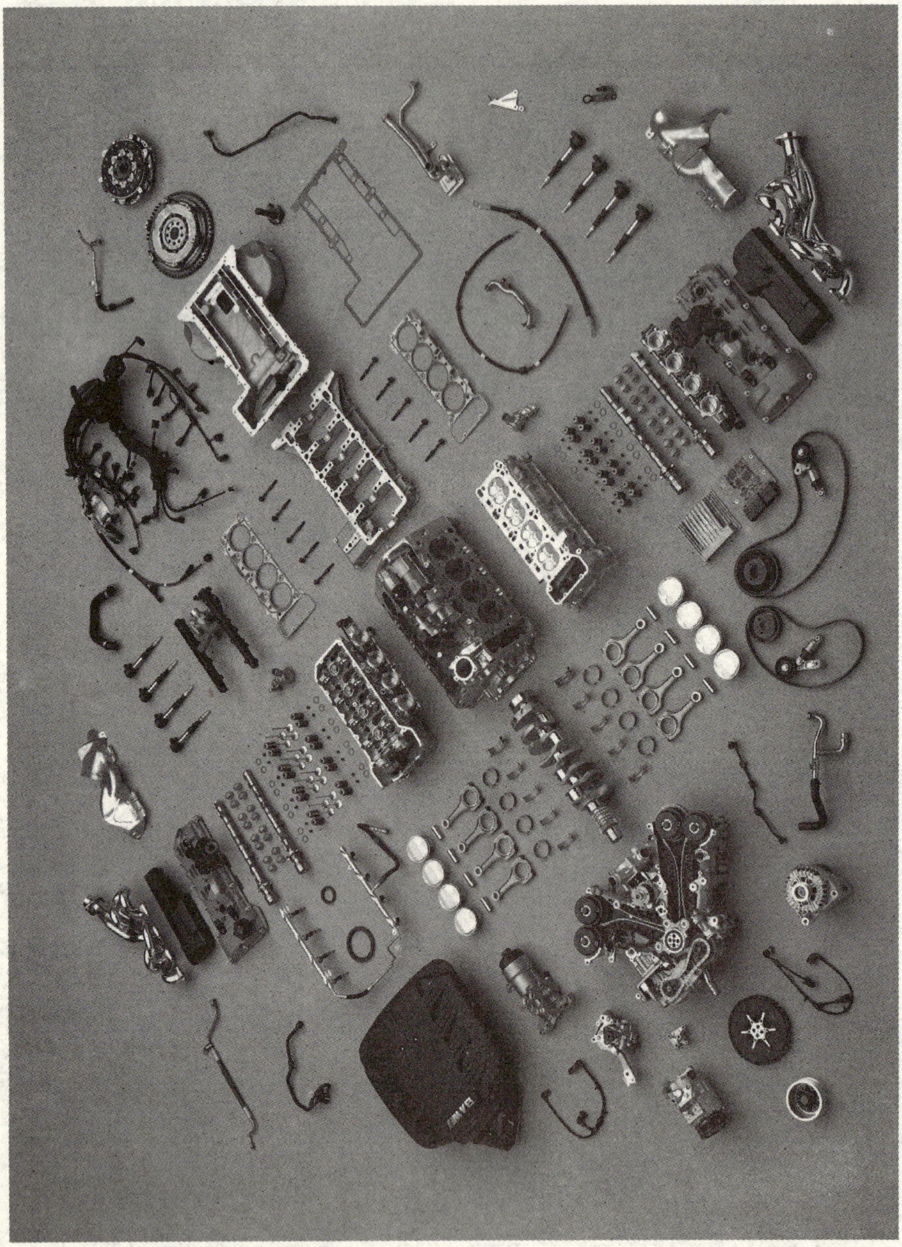

【活动三　测绘发动机零件】

小组讨论学习，完成下列任务

1. 写出下列工具的名称，并说说你对它的了解。

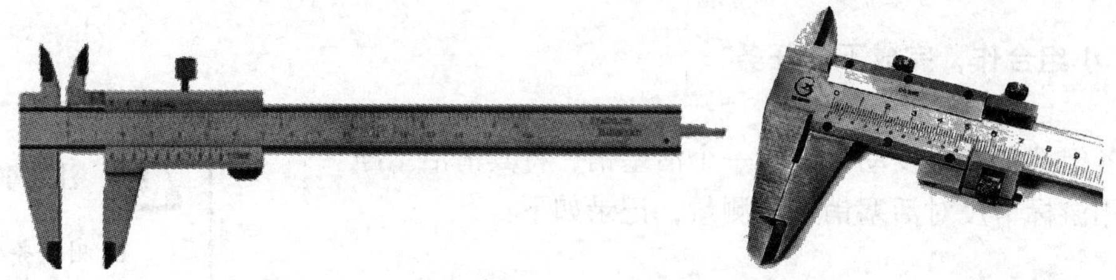

名称：________________

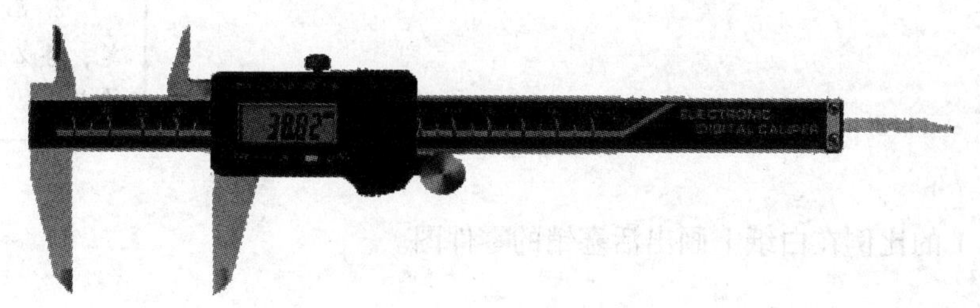

名称：________________

2. 使用游标卡尺时应注意什么？

注意事项

小组讨论，用自己的话进行总结，抓住重点，回答力求简单明了。

3. 常用游标卡尺有哪几种读数值(精确度)？

4. 对下图进行读数。

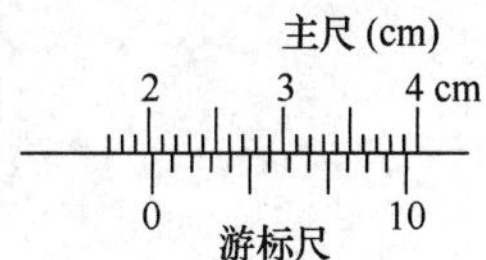

注意事项

要求写出读数的计算过程。

当读数值(精确度)为 0.1mm 时，

读数 = ________________________

当读数值(精确度)为 0.05mm 时，

读数 = ________________________

当读数值(精确度)为 0.02mm 时，

读数 = ________________________

小组合作，完成下列任务

1. 各组选择本组发动机中的一个活塞销，将其清洁干净。
2. 用游标卡尺对活塞销进行测量，记录如下：

注意事项

1. 测量务必要准确，要求每个尺寸测量三次，取平均值；

2. 画图必须用铅笔，务必做到图样干净整洁。

3. 画出活塞销的草图。

4. 按 1: 1 的比例在白纸上画出活塞销的零件图。

【活动四　学习总结与评价】

总结自己在此次学习活动中的表现

1. 回顾你在本项目中学到了哪些专业知识和技能。

注意事项

认真总结前阶段学习情况，注意利用课外时间复习薄弱点。

2. 对自己在此次学习活动中的态度表现进行评价。

优点和进步：

不足之处及改善方法：

3. 每组安排一名组员进行自我表扬与批评。

4. 小组内进行自评、互评，在评价表中给出相应分数，完成后上交指导老师。

5. 轮值组长对组员进行表扬与批评。

6. 记录组长及组员对你的评价及建议。

优点和进步：

不足之处及改善方法：

注意事项

1. 对自己及组员的评价务必做到客观公正，目的是让自己及组员表现更好；

2. 改善方法要切合实际，切忌说大话；

3. 发言的同学请注意用词用意，尽量放开嗓音，表现自信；

4. 对他人提出的批评与意见要虚心接受，不要心存敌意。

项目三　装配发动机

能力目标

知识目标

1. 说明发动机零件装配的原则规范；
2. 说明发动机零件装配的顺序及注意事项；
3. 说明密封胶的特性与使用方法。

技能目标

1. 会选用并熟练使用工具设备；
2. 会正确使用密封胶；
3. 会处理断头螺栓；
4. 会装配发动机各零部件；
5. 会连接线路及附件；
6. 会运用参考资料及网络查询相关信息来帮助装配。

态度目标

1. 能按时出勤；
2. 能尊重老师，团结同学；
3. 能服从老师、组长的安排；
4. 能主动改正错误，学习他人长处；
5. 能主动按要求进行着装；
6. 能主动遵守安全操作规范；
7. 能积极主动完成学习任务；
8. 能与同学协同完成发动机装配；
9. 能爱护工具及教学设备；
10. 能积极主动清洁工具、设备、车间。

教师准备

准 备 项 目	准 备 内 容	准 备 情 况
资料准备	学生工作页、教材及相关教学视频	

（续）

准备项目	准备内容	准备情况
工具准备	工具箱、呆扳手、梅花扳手、活动扳手、螺钉旋具、钢丝钳、尖嘴钳、鲤鱼钳、铁锤、橡胶锤、铜棒、T形套筒、套筒、扭力扳手、活塞安装器、活塞环拆装夹	
场地与设备准备	工作台6张、发动机拆装台架6套、零件盆12个、油盆6个、多媒体系统1套、椅子45张	
材料准备	密封胶、螺纹防松胶、发动机机油、抹布、洗衣粉	

注：各准备项目准备完毕后在“准备情况”一栏注明已完成。

课时分配

活动	活动内容	课时	总课时
活动一	学习发动机装配基础	4	20
活动二	装配曲柄连杆机构	6	
活动三	装配油底壳、缸盖	5	
活动四	装配发动机附件	3	
活动五	学习总结与评价	2	

教学过程

活动	活动过程	教学方法	课时
活动一	学习发动机装配基础 1. 活动导入，说明本活动的目的及意义； 2. 观看发动机装配视频； 3. 小组学习，理解发动机各零部件间的装配关系和配合关系，完成工作页； 4. 小组学习，理解各处螺栓、螺母的紧固方法与拧紧力矩，发动机装配的一般规范，完成工作页； 5. 让学生对相关评价点进行自评、互评，强调公平公正； 6. 老师对各组及学生表现进行总结点评，强调态度表现。	学生自学 小组讨论 教师辅导	4
活动二	装配曲柄连杆机构 1. 活动导入，说明本活动的目的及意义，强调安全注意事项； 2. 分组讨论学习装配曲柄连杆机构的方法及注意事项； 3. 两个同学合作装配发动机曲柄连杆机构，组内轮流进行装配，其他同学观察、指导、监督； 4. 让学生对相关评价点进行自评、互评，强调公平公正； 5. 老师对各组及学生表现进行总结点评，强调态度表现。	教师参与 小组讨论 学生操作 教师监督 教师辅导	6

（续）

活　动	活动过程	教学方法	课　时
活动三	装配油底壳、缸盖 1. 活动导入，说明本活动的目的及意义，强调安全注意事项； 2. 分组讨论学习装配油底壳、缸盖的方法及注意事项； 3. 两个同学合作装配发动机油底壳、缸盖，组内轮流进行装配，其他同学观察、指导、监督； 4. 让学生对相关评价点进行自评、互评，强调公平公正； 5. 老师对各组及学生表现进行总结点评，强调态度表现。	教师参与 小组讨论 学生操作 教师监督 教师辅导	5
活动四	装配发动机附件 1. 活动导入，说明本活动的目的及意义，强调安全注意事项； 2. 分组讨论学习装配发动机附件的方法及注意事项； 3. 两个同学合作装配发动机附件，组内轮流进行装配，其他同学观察、指导、监督； 4. 让学生对相关评价点进行自评、互评，强调公平公正； 5. 老师对各组及学生表现进行总结点评，强调态度表现。	教师参与 小组讨论 学生操作 教师监督 教师辅导	3
活动五	学习总结与评价 1. 让学生对本项目的学习进行总结及评价，完成工作页； 2. 分组进行自评、互评，要求客观公正，完成评价表格； 3. 组织各组进行组内表扬（自我表扬）与批评（自我批评）活动，包括知识、技能、态度三方面； 4. 老师对本项目的教学内容进行总结，对各组的总结评价进行补充和点评。	教师参与 课堂对话	2

学生准备

准备项目	准备内容	准备情况
着装准备	穿工作服，禁止穿拖鞋、凉鞋	
文具准备	圆珠笔或钢笔、铅笔、草稿纸、笔记本	
资料准备	学生工作页、教材	
工具准备	工具箱、呆扳手、梅花扳手、活动扳手、螺钉旋具、钢丝钳、尖嘴钳、鲤鱼钳、铁锤、橡胶锤、铜棒、T形套筒、套筒、扭力扳手、活塞安装器、活塞环拆装夹	

注：各准备项目准备完毕后在“准备情况”一栏注明已完成。

小组信息

组名		人数	
组长			
口号			
组员			

学生工作页

【学 习 导 入】

在进行发动机装配之前，先听几个装配发动机的事故：某维修工在进行发动机大修工作，装配发动机后试车，气缸内发出刺耳的敲击声，待再拆下气缸盖检查，发现气缸内有颗小螺母，不但要返工，而且气缸壁也被刮花了，为此他赔偿了客户一笔钱；此外，往届学生有时在装配完毕后，发现还多出若干个止推垫片或螺栓，然后又要返工；这些都是由于疏忽大意造成的，希望同学们引以为戒。

在学习过程中你将会遇到以下关键词：对正时、拧紧力矩，记住：装配任何零部件都要考虑该零件的特点，这样才能融会贯通，将来再拆装其他类型的发动机时就能做到胸有成竹。希望你在团队合作中表现出色。

【活动一　学习发动机装配基础】

小组学习，完成下列问题

1. 观看视频，写出发动机装配前的准备工作。

2. 发动机装配的一般原则是以气缸体为基础，由____到____，先____后____，分别进行安装。

3. 间隙配合的零件表面，在装配时必须涂上________。

4. 装配过盈配合零件时，应使用________或专用的压入工具，如需在零件表面施以压力或锤击时，必须垫以软金属块或使用________。

5. 装配时，各部位的密封衬垫和油封必须换用________。

6. 拧紧螺栓、螺母时，应使用合适的扳手按一定顺序和________拧紧，对称的螺栓在旋紧时应交错分________次拧紧，对有规定力矩的螺栓、螺母，应用________按规定力矩拧紧。

【活动二　装配曲柄连杆机构】

小组合作，完成发动机装配

注意事项

1. 表格可依据实际情况加行；
2. 组内充分讨论，力求方案科学可行；
3. 注意组员的分工，要做到共同参与。

1. 完成曲轴飞轮组的安装。

次　序	装配零部件	注 意 事 项	装　配　人	记　录　人
一				
二				
⋮				

注意事项

1. 表格可依据实际情况加行；
2. 组内充分讨论，力求方案科学可行；
3. 注意组员的分工，要做到共同参与。

2. 完成活塞连杆组的安装。

次　序	装配零部件	注 意 事 项	装　配　人	记　录　人
一				
二				
⋮				

【活动三　装配油底壳、缸盖】

小组合作，完成发动机装配

注意事项

1. 表格可依据实际情况加行；
2. 组内充分讨论，力求方案科学可行；
3. 注意组员的分工，要做到共同参与。

1. 完成机油泵和油底壳的安装。

次　序	装配零部件	注 意 事 项	装　配　人	记　录　人
一				
二				
⋮				

2. 完成配气机构和气缸盖的安装。

次　序	装配零部件	注 意 事 项	装 配 人	记 录 人
一				
二				
⋮				

注意事项

1. 表格可依据实际情况加行；

2. 组内充分讨论，力求方案科学可行；

3. 注意组员的分工，要做到共同参与。

【活动四　装配发动机附件】

小组合作，完成发动机装配

完成机油滤清器、水泵、发电机支架和发电机等相关零部件的安装。

次　序	装配零部件	注 意 事 项	装 配 人	记 录 人
一				
二				
⋮				

注意事项

1. 表格可依据实际情况加行；

2. 组内充分讨论，力求方案科学可行；

3. 注意组员的分工，要做到共同参与。

【活动五 学习总结与评价】

总结自己在此次学习活动中的表现

注意事项

认真总结前阶段学习情况，注意利用课外时间复习薄弱点。

1. 回顾你在本项目中学到了哪些专业知识和技能。

2. 对自己在此次学习活动中的态度表现进行评价。

优点和进步：

不足之处及改善方法：

注意事项

1. 对自己及组员的评价务必做到客观公正，目的是让自己及组员表现更好；

2. 改善方法要切合实际，切忌说大话；

3. 发言的同学请注意用词用意，尽量放开嗓音，表现自信；

4. 对他人提出的批评与意见要虚心接受，不要心存敌意。

3. 每组安排一名组员进行自我表扬与批评。

4. 小组内进行自评、互评，在评价表中给出相应分数，完成后上交指导老师。

5. 轮值组长对组员进行表扬与批评。

6. 记录组长及组员对你的评价及建议。

优点和进步：

不足之处及改善方法：

项目四　认识、检修气缸体与曲柄连杆机构

能力目标

知识目标

1. 说明发动机曲柄连杆机构各组成的结构及功用；
2. 解释曲柄连杆机构的运动及受力，画出运动简图；
3. 解释曲柄连杆机构各零件的失效损伤特点；
4. 说明减磨合金的性能特点；
5. 说明曲轴、连杆检测修复的方法；
6. 说明滑动轴承的结构特点；
7. 说明轴瓦检测修复的方法；
8. 说明相关量具的结构及测量原理；
9. 说明相关量具的使用方法及规范；
10. 说明修复曲柄连杆机构的相关工艺。

技能目标

1. 会摆放零部件及工量具设备并熟练使用工具设备；
2. 会测量曲轴的磨损并根据测量结果计算曲轴加工量；
3. 会检验与校正曲轴、连杆的变形；
4. 会判断活塞、活塞环的耗损；
5. 会选配活塞及活塞环；
6. 会判断活塞销的耗损；
7. 会选配活塞销，选配、刮削轴瓦，铰削连杆衬套；
8. 会检测与调整曲柄连杆机构各间隙；
9. 会运用参考资料及网络查询相关信息来帮助检测和修复。

态度目标

1. 能按时出勤；
2. 能尊重老师，团结同学；
3. 能服从老师、组长的安排；
4. 能主动改正错误，学习他人长处；
5. 能主动按要求进行着装；
6. 能主动遵守安全操作规范；

7. 能积极主动完成学习任务；
8. 能与同学协同完成发动机拆卸；
9. 能积极主动清洁工具、设备、车间。

教师准备

准备项目	准备内容	准备情况
资料准备	学生工作页、教材及相关教学视频	
工具准备	游标卡尺、外径千分尺、量缸表、百分表、磁性表座、检测平台、连杆检测校正仪、轴瓦刮刀、铰刀、活塞环拆装钳、发动机拆装常用工具	
场地与设备准备	工作台6张、发动机曲柄连杆机构零件、多媒体教学系统1套、椅子45张	
材料准备	轴瓦、连杆小头铜套、活塞环、发动机机油、抹布、洗衣粉	

注：各准备项目准备完毕后在“准备情况”一栏注明已完成。

课时分配

活动	活动内容	课时	总课时
活动一	学习相关理论基础	8	32
活动二	检测与修复气缸体	6	
活动三	检测与修复曲轴	6	
活动四	检测与修复活塞连杆组	10	
活动五	学习总结与评价	2	

教学过程

活动	活动过程	教学方法	课时
活动一	学习相关理论基础 1. 活动导入，说明本活动的目的及意义，强调安全注意事项； 2. 小组学习认识发动机缸体的结构特点及功用，发动机工作容积、总容积、排量、压缩比的概念并进行计算，完成工作页； 3. 小组学习曲柄连杆机构各零件的结构特点及功用，理解发动机曲柄连杆机构的运动及受力，画出运动简图，完成工作页； 4. 小组学习发动机缸体、曲柄连杆机构各零件的失效损伤特点，圆度、圆柱度、平面度、表面粗糙度的概念及测量、计算方法，完成工作页； 5. 让学生对相关评价点进行自评、互评，强调公平公正； 6. 老师对各组及学生表现进行总结点评，强调态度表现。	教师辅导 学生自学 小组讨论	8

（续）

活　　动	活 动 过 程	教 学 方 法	课　　时
活动二	检测与修复气缸体 1. 活动导入，说明本活动的目的及意义，强调安全注意事项； 2. 分组学习检测汽缸体密封性的方法，检查气缸体是否存在裂纹，螺纹是否损坏，完成工作页； 3. 分组学习量缸表的测量原理、使用方法及注意事项，完成工作页； 4. 学生轮流进行量缸工作，处理测量数据，做出维修方案，完成工作页； 5. 让学生对相关评价点进行自评、互评，强调公平公正； 6. 老师对各组及学生表现进行总结点评，强调态度表现。	小组讨论 学生操作 演示教学 教师监督 教师辅导	6
活动三	检测与修复曲轴 1. 活动导入，说明本活动的目的及意义，强调安全注意事项； 2. 分组学习曲轴磨损的主要形式及检测方法，检查曲轴是否存在裂纹、剥落等损坏，测量曲轴各轴颈的磨损，完成工作页； 3. 分组学习曲轴变形的主要形式及检测方法，学习百分表及磁性表座的使用方法及注意事项，进行装表训练，完成工作页； 4. 学生轮流装表、检测曲轴变形，做出修复方案，完成工作页； 5. 让学生对相关评价点进行自评、互评，强调公平公正； 6. 老师对各组及学生表现进行总结点评，强调态度表现。	小组讨论 学生操作 演示教学 教师监督 教师辅导	6
活动四	检测与修复活塞连杆组 1. 活动导入，说明本活动的目的及意义，强调安全注意事项； 2. 分组学习活塞、活塞环、连杆、活塞销的失效形式及检修方法，检查判断各零件是否满足技术要求，对可修复损伤进行相应修复，完成工作页； 3. 分组学习选配活塞、活塞环、活塞销的方法，连杆衬套、活塞销座孔的修配工艺，完成工作页； 4. 让学生对相关评价点进行自评、互评，强调公平公正； 5. 老师对各组及学生表现进行总结点评，强调态度表现。	小组讨论 学生操作 演示教学 教师监督 教师辅导	10
活动五	学习总结与评价 1. 让学生对本项目的学习进行总结及评价，完成工作页； 2. 分组进行自评、互评，要求客观公正，完成评价表格； 3. 组织各组进行组内表扬（自我表扬）与批评（自我批评）活动，包括知识、技能、态度三方面； 4. 老师对本项目的教学内容进行总结，对各组的总结评价进行补充和点评。	教师参与 课堂对话	2

学生准备

准 备 项 目	准 备 内 容	准 备 情 况
着装准备	穿工作服，禁止穿拖鞋、凉鞋	
文具准备	圆珠笔或钢笔、铅笔、草稿纸、笔记本、计算器	
资料准备	学生工作页、教材	

（续）

准备项目	准备内容	准备情况
工具准备	游标卡尺、外径千分尺、百分表、磁性表座、轴瓦刮刀、铰刀、活塞环拆装钳、发动机拆装常用工具	

注：各准备项目准备完毕后在“准备情况”一栏注明已完成。

小组信息

组名		人数	
组长			
口号			
组员			

学生工作页

【活动一　学习相关理论基础】

小组讨论学习气缸体、曲柄连杆机构基础知识，完成下列题目

1. 写出图中零件各部位的名称。

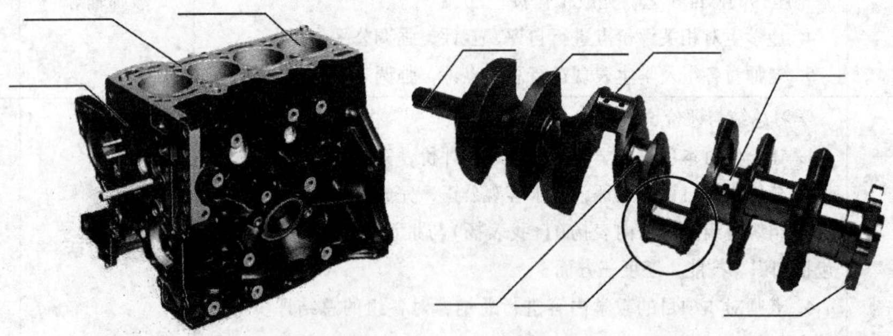

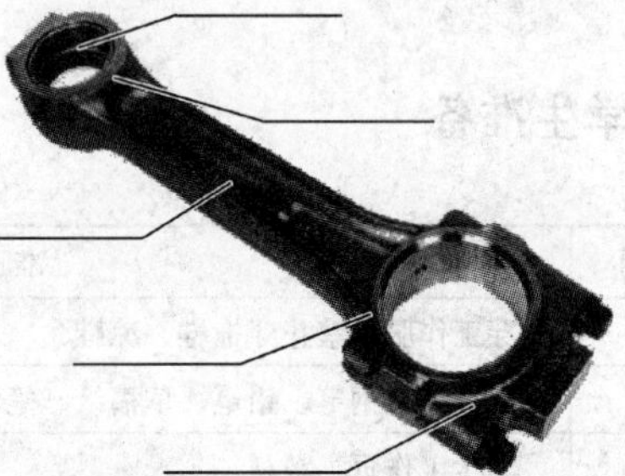

2. 你所在的小组所拆发动机的型号是________，发动机的号码是________，属于________缸发动机，气缸排列形式为________，冷却方式是________。

3. 对你所在的小组所拆发动机的缸体描述正确的有(　　)。

A. 采用铸铁材料　　B. 采用铝合金材料　　C. 镶有气缸套　　D. 没有气缸套

E. 属于一般式　　F. 属于龙门式　　G. 属于铸造成型

4. 缸体上与缸盖接合的平面(上平面)有许多孔，这些孔分别是什么？你是怎么判断的？

5. 你所在的小组所拆发动机的曲轴有________个主轴颈，属于________(全支承式/非全支承式)曲轴，有________个连杆轴颈，________(有/没有)平衡块。

6. 轴瓦是一种________(滚动/滑动)轴承，轴瓦通常是将________浇注在钢背（钢片）上，然后经过机加工而成。

7. 连杆大头按剖分面的方向可分为________和________两种，连杆与连杆盖的定位方法有哪些？你所在的小组所拆发动机采用哪种方法定位？

8. 你所在的小组发动机的活塞销属于________(全浮式/半浮式)，你是怎么判断的？

9. 活塞顶部的形状通常有________、________、________三种，你所在的小组发动机的活塞顶部是________的。

10. 你所在的小组发动机的活塞有____________道气环、____________道油环；气环属于________(按截面形状分)，气环外圆柱面上________(镀有/没镀有)用于提高耐磨性的铬；油环属于________，它的优点是________________。

11. 活塞是发动机内部承受高温高压的零件之一，且常采用铝合金材料，这种铝合金活塞常采用哪些结构或措施来防止受热后产生不良影响？

你所在的小组发动机的活塞采用了上述哪些结构？

12. 分别写出下列零部件的功用。

> **注意事项**
> 注意总结教材、资料中的知识，用自己的话进行表达，力求简明扼要。

气缸体：

曲轴：

飞轮：

活塞：

活塞环：

活塞销：

连杆：

13. 名词解释。

> **注意事项**
> 需写出总容积、压缩比、排量的计算公式。

上止点：

下止点：

行程：

气缸工作容积：

燃烧室容积：

气缸总容积：

压缩比：

排量：

14. 已知发动机的活塞行程为77mm，测量发动机的缸径并计算。

气缸工作容积：

排量：

15. 排量越大，一般来说发动机的最大功率越大还是越小？为什么？

16. 压缩比的大小对发动机有什么影响？

压缩比是不是越大越好？为什么？

注意事项

可用简单的线条表示出运动简图。

17. 画出曲柄连杆机构的运动简图。

连杆主要受什么力？

小组讨论学习缸体、曲柄连杆机构的常见失效方式，完成下列题目

1. 缸体的常见失效方式有哪些?

注意事项

注意总结教材、资料中的知识，用自己的话进行表达，力求简明扼要。

2. 曲轴的常见失效方式有哪些?

3. 连杆的常见失效方式有哪些?

4. 活塞的常见失效方式有哪些?

5. 应如何减少气缸的磨损?

6. 应如何减少曲轴的磨损?

小组讨论学习形位公差基础，完成下列题目

1. 名词解释并画出符号。

注意事项

1. 回答力求简明扼要。

2. 画出简图，表达出测量部位。

圆度:

圆柱度:

圆跳动:

平面度:

平行度：

2. 圆度、圆柱度分别应该如何测量和计算？

3. 表面粗糙度的符号是__________，它主要用来表征零件表面的________程度，表面粗糙度越小说明零件表面越________。曲柄连杆机构中哪些部位对表面粗糙度要求较高？

【活动二　检测与修复气缸体】

小组讨论学习检测气缸体，完成下列题目

1. 检测缸体裂纹的方法有哪些？

2. 气缸的磨损通常通过测量气缸的________、________来检测判断。只要有________个缸的检测结果超标，就要进行________或________。

3. 写出下列量具的名称及其使用注意事项。

名称：__________ 功用： 使用注意事项：	名称：__________ 功用： 使用注意事项：
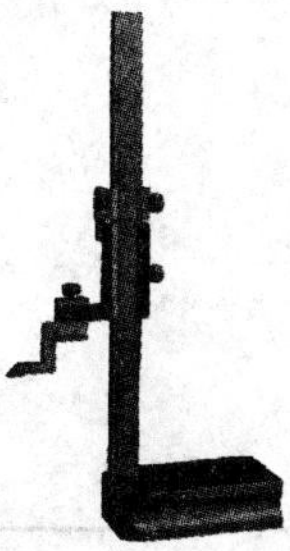	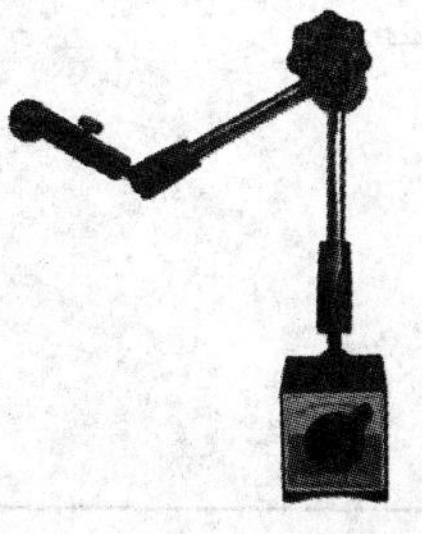

（续）

<table>
<tr><td>名称：______
功用：

使用注意事项：</td><td>名称：______
功用：

使用注意事项：</td></tr>
<tr><td></td><td></td></tr>
<tr><td>名称：______
功用：

使用注意事项：</td><td>名称：______
功用：

使用注意事项：</td></tr>
<tr><td></td><td></td></tr>
<tr><td>名称：______
功用：

使用注意事项：</td><td>名称：______
功用：

使用注意事项：</td></tr>
</table>

4. 学习量具的结构及使用方法，完成图中空格及相关问题。

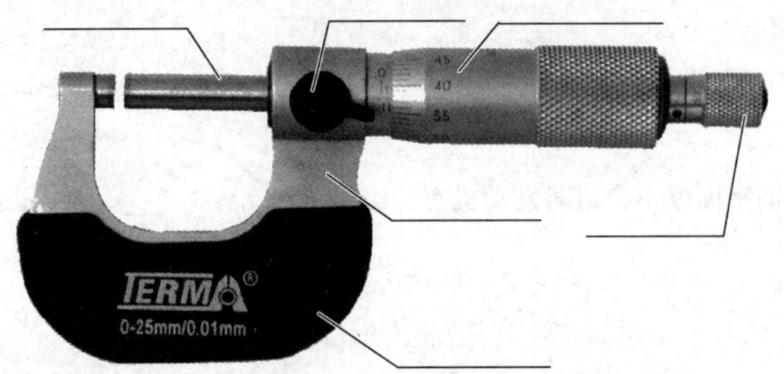

上图量具名称：________________　　下图的读数 = ________________

使用方法：

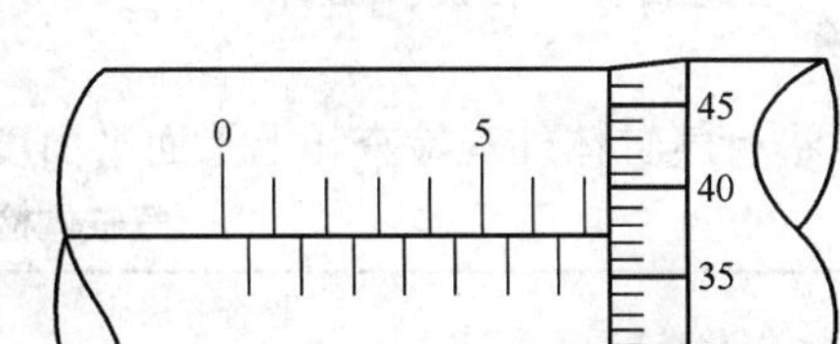

使用注意事项：

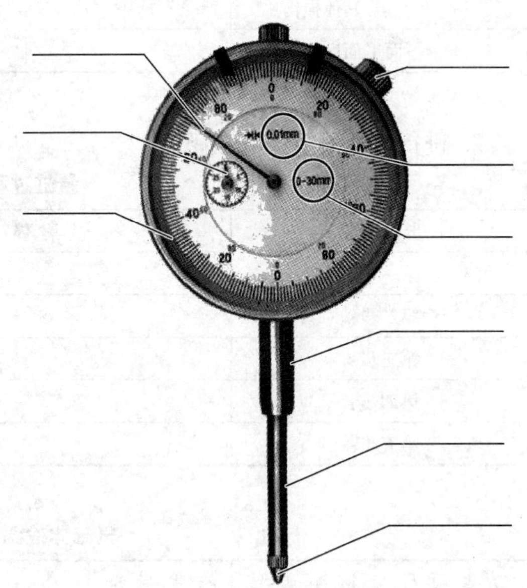

右图量具名称：________________

使用注意事项：

5. 如何检测缸体上平面平面度(用简图表示出检测部位)?

6. 气缸的圆度或圆柱度不合格对发动机有什么影响？

7. 缸体上平面平面度不合格对发动机有什么影响？

小组合作，检测气缸体

1. 进行气缸体外观检查、上平面平面度检测，完成下表。

气缸体检测记录表（一）

检测（检查）项目		检查方法或检测工具	技术标准	检测（检查）结果	结论
外观检查	裂纹				
	螺纹孔				
	其他损伤				
上平面平面度					

2. 进行气缸测量，完成下表。

量缸过程记录表

步　　骤	具 体 过 程	注 意 事 项
第一步：		
第二步：		
第三步：		
第四步：		
第五步：		

气缸体检测记录表（二）

检 测 项 目	检 测 工 具	技 术 标 准	测 量 数 据				检 测 结 果		结　论
圆度、圆柱度、磨损量			一缸				圆度		
							圆柱度		
							磨损量		
			二缸				圆度		
							圆柱度		
							磨损量		

（续）

检测项目	检测工具	技术标准	测量数据				检测结果		结论
圆度、圆柱度、磨损量			三缸				圆度		
							圆柱度		
							磨损量		
			四缸				圆度		
							圆柱度		
							磨损量		

3. 气缸磨损超标后常用修理尺寸法进行加工修复，请写出修理尺寸级数的计算方法。

注意事项

需写出计算公式及其符号的意义。

你所在的小组气缸如磨损超标，请按上面的方法计算修理尺寸级数及目标尺寸(加工后气缸缸径)。

4. 为什么要按修理尺寸的级数来修理气缸？

如果计算得出的修理尺寸级数大于厂家规定的最大级数应怎么办？

注意事项

维修方案中需说明修理方法及气缸修理尺寸级别。如需更换，需说明更换理由。

5. 综合前面的检测结果，给出针对你所在的小组气缸体的维修方案。

收拾工具，清洁场地

1. 将工量具擦拭干净并收拾好，放到指定位置。
2. 各小组清洁各自工位，包括设备、工作台、地面。
3. 值日生打扫公共区域卫生。

注意事项

量具需小心收放到各自的盒子中。

【活动三　检测与修复曲轴】

小组合作，检查并检测曲轴

1. 检查并检测曲轴，将过程及数据、结果记入相应的表中。

曲轴检查及检测过程记录表

步　　骤	具 体 过 程	注 意 事 项
第一步：		
第二步：		
第三步：		
第四步：		
第五步：		

注：具体步数根据实际情况而定。

曲轴检查及检测结果记录表

检 测 项 目	检 测 工 具	技 术 标 准	测 量 数 据				检 测 结 果		结　　论
轴颈圆度、圆柱度、磨损量			第一主轴颈				圆度		
							圆柱度		
							磨损量		
			第二主轴颈				圆度		
							圆柱度		
							磨损量		
			第三主轴颈				圆度		
							圆柱度		
							磨损量		
			第四主轴颈				圆度		
							圆柱度		
							磨损量		
			第五主轴颈				圆度		
							圆柱度		
							磨损量		
			一缸连杆轴颈				圆度		
							圆柱度		
							磨损量		
			二缸连杆轴颈				圆度		
							圆柱度		
							磨损量		

（续）

检测项目	检测工具	技术标准	测量数据				检测结果		结论
轴颈圆度、圆柱度、磨损量			三缸连杆轴颈				圆度		
							圆柱度		
							磨损量		
			四缸连杆轴颈				圆度		
							圆柱度		
							磨损量		
弯曲			圆跳动量				弯曲量		
扭曲			高度差				扭转角		

2. 如果检测出曲轴的弯曲、扭曲、磨损都超标，应如何进行维修？

注意事项

1. 主动动脑思考，切忌简单抄袭，维修计划需切合实际、可行有效；
2. 老师释疑完后应主动完善自己的答案，不可留作空白。

3. 结合你所在的小组曲轴的检测结果，制定相应的维修计划。

收拾工具，清洁场地

1. 将工量具、零部件擦拭干净并收拾好，放到指定位置。
2. 各小组清洁各自工位，包括设备、工作台、地面。
3. 值日生打扫公共区域卫生。

注意事项

1. 量具需小心收放到各自的盒子中；
2. 曲轴轴颈处应涂润滑油以防止生锈。

【活动四 检测与修复活塞连杆组】

小组合作，学习拆装活塞环、活塞销，清洁活塞环槽，完成下列题目

1. 拆装活塞环的注意事项有哪些？

注意事项

1. 主动动脑思考，切忌简单抄袭；
2. 老师释疑完后应主动完善自己的答案，不可留作空白。

2. 清洁活塞环槽应注意什么？

小组合作，拆装活塞环，清洁活塞环槽

1. 拆卸活塞环、活塞销。
2. 清洁活塞环槽及活塞环。

注意事项

组长做好分工，每个成员需积极参与，共同学习。

小组合作，检测活塞及活塞环

1. 活塞环的三隙是哪三隙？画出简图表示。

注意事项

注意相互讨论学习，动脑思考，总结归纳教材上的知识。

2. 检测活塞及活塞环，完成相应表格。

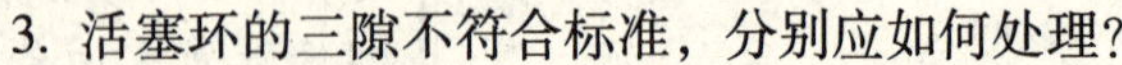

3. 活塞环的三隙不符合标准，分别应如何处理？

活塞及活塞环检测记录表

<table>
<tr><th>检测项目</th><th>检测方法及工具</th><th>技术标准</th><th colspan="3">检测结果</th><th>结论</th></tr>
<tr><td>活塞外观</td><td></td><td></td><td colspan="3"></td><td rowspan="19"></td></tr>
<tr><td>活塞环外观</td><td></td><td></td><td colspan="3"></td></tr>
<tr><td>活塞销磨损</td><td></td><td></td><td colspan="3"></td></tr>
<tr><td rowspan="5">侧隙</td><td rowspan="5"></td><td rowspan="5"></td><td></td><td>第一道</td><td>第二道</td></tr>
<tr><td>一缸</td><td></td><td></td></tr>
<tr><td>二缸</td><td></td><td></td></tr>
<tr><td>三缸</td><td></td><td></td></tr>
<tr><td>四缸</td><td></td><td></td></tr>
<tr><td rowspan="5">背隙</td><td rowspan="5"></td><td rowspan="5"></td><td></td><td>第一道</td><td>第二道</td></tr>
<tr><td>一缸</td><td></td><td></td></tr>
<tr><td>二缸</td><td></td><td></td></tr>
<tr><td>三缸</td><td></td><td></td></tr>
<tr><td>四缸</td><td></td><td></td></tr>
<tr><td rowspan="5">端隙</td><td rowspan="5"></td><td rowspan="5"></td><td></td><td>第一道</td><td>第二道</td></tr>
<tr><td>一缸</td><td></td><td></td></tr>
<tr><td>二缸</td><td></td><td></td></tr>
<tr><td>三缸</td><td></td><td></td></tr>
<tr><td>四缸</td><td></td><td></td></tr>
</table>

（续）

检测项目	检测方法及工具	技术标准	检测结果			结论
				第一道	第二道	
漏光度			一缸			
			二缸			
			三缸			
			四缸			
活塞直径			一缸			
			二缸			
			三缸			
			四缸			

4. 结合你所在的小组的检测结果，给出相应的维修方案。

注意事项

维修方案需切合实际、可行有效。

小组合作，学习连杆的检测与维修，完成下列题目

1. 导致连杆弯曲的常见原因有哪些？

注意事项

1. 主动动脑思考，切忌简单抄袭；

2. 老师释疑完后应主动完善自己的答案，不可留作空白。

连杆弯曲对发动机有什么影响？

2. 导致连杆扭曲的常见原因有哪些？

连杆扭曲对发动机有什么影响？

3. 简要说明连杆变形量的检测方法。

4. 小组合作，检测曲轴，完成下表。

连杆检测记录表

检测项目	检测方法及工具	技术标准		检测结果	结论
外观					
弯曲		一缸			
		二缸			
		三缸			
		四缸			
扭曲		一缸			
		二缸			
		三缸			
		四缸			

5. 如果检测出连杆同时存在弯曲和扭曲变形，应如何维修？

注意事项

1. 主动动脑思考，切忌简单抄袭，维修计划需切合实际、可行有效；

2. 老师释疑完后应主动完善自己的答案，不可留作空白。

6. 根据你所在的小组的检测结果，给出相应的维修方案。

小组合作，修配活塞销座孔及连杆衬套

1. 分组进行活塞销座孔的铰削，记录具体步骤。

注意事项

需写出铰削过程中的各注意事项。

2. 分组进行连杆衬套的修配，记录具体步骤。

注意事项

连杆衬套的修配包括连杆衬套的选择和铰削两个过程。

3. 在上面的修配作业中，你遇到了什么问题？你是如何解决的？

小组合作，组装活塞连杆组

1. 彻底清洗活塞连杆组各零件并风干。
2. 装配活塞销，总结并写出具体步骤及注意事项。

注意事项

1. 注意组内分工协作，全组参与；
2. 记录尽量简明且有条理。

3. 装配活塞环，总结并写出具体步骤及注意事项。

收拾工具，清洁场地

注意事项

1. 量具需小心收放 到各自的盒子中；
2. 铰刀应涂润滑油以防止生锈。

1. 将工量具擦拭干净并收拾好，放到指定位置。
2. 各小组清洁各自工位，包括设备、工作台、地面。
3. 值日生打扫公共区域卫生。

【活动五　学习总结与评价】

总结自己在此次学习活动中的表现

1. 回顾你在本项目中学到了哪些专业知识和技能。

注意事项

认真总结前阶段学习情况，注意利用课外时间复习薄弱点。

2. 对自己在此次学习活动中的态度表现进行评价。

优点和进步：

不足之处及改善方法：

注意事项

1. 对自己及组员的评价务必做到客观公正，目的是让自己及组员表现更好；

2. 改善方法要切合实际，切忌说大话；

3. 发言的同学请注意用词用意，尽量放开嗓音，表现自信；

4. 对他人提出的批评与意见要虚心接受，不要心存敌意。

3. 每组安排一名组员进行自我表扬与批评。

4. 小组内进行自评、互评，在评价表中给出相应分数，完成后上交指导老师。

5. 轮值组长对组员进行表扬与批评。

6. 记录组长及组员对你的评价及建议。

优点和进步：

不足之处及改善方法：

项目五　认识、检修气缸盖与配气机构

能力目标

知识目标

1. 说明气缸盖、配气机构各组成的结构及功用；
2. 说明齿轮传动、链传动、带传动的特点；
3. 说明键连接的特点、凸轮的功能特点；
4. 说明配气机构的布置与传动；
5. 说明四冲程发动机的四个行程；
6. 解释曲轴与凸轮轴的转角关系；
7. 解释配气相位；
8. 说明常见可变配气系统的结构及性能特点；
9. 解释配气机构的失效损伤方式；
10. 解释气门间隙。

技能目标

1. 会摆放零部件及工具；
2. 会选用并熟练使用工具设备；
3. 会检测缸盖平面的平面度；
4. 会调整气门间隙；
5. 会检查与调整配气相位；
6. 会检修气门及气门座、气门导管；
7. 会更换气门弹簧；
8. 会检测凸轮轴的耗损；
9. 会检修气门传动组各部件；
10. 会检查和更换正时带或链条、链轮；
11. 会运用参考资料及网络查询相关信息来帮助检测和修复。

态度目标

1. 能按时出勤；
2. 能尊重老师，团结同学；
3. 能服从老师、组长的安排；
4. 能主动改正错误，学习他人长处；

5. 能主动按要求进行着装；
6. 能主动遵守安全操作规范；
7. 能积极主动完成学习任务；
8. 能与同学协同完成发动机拆卸；
9. 能爱护工具及教学设备；
10. 能积极主动清洁工具、设备、车间。

教师准备

准备项目	准备内容	准备情况
资料准备	学生工作页、教材及相关教学视频	
工具准备	工具箱、呆扳手、梅花扳手、活动扳手、螺钉旋具、钢丝钳、尖嘴钳、鲤鱼钳、铁锤、橡胶锤、铜棒、T形套筒、套筒、扭力扳手、气门弹簧装卸钳、气门座铰刀、气门研磨机、游标卡尺、外径千分尺、刀口尺、塞尺、百分表、磁性表座	
场地与设备准备	工作台6张、发动机及配气机构零件、多媒体系统1套、椅子45张	
材料准备	新气门座、气门导管、正时带(链)、抹布、洗衣粉	

注：各准备项目准备完毕后在“准备情况”一栏注明已完成。

课时分配

活　　动	活动内容	课　　时	总课时
活动一	拆卸并认识配气机构	6	24
活动二	检测与修复气缸盖及气门组	8	
活动三	装配与调整配气机构	8	
活动四	学习总结与评价	2	

教学过程

活 动	活 动 过 程	教 学 方 法	课时
活动一	拆卸并认识配气机构 1. 活动导入，说明本活动的目的及意义； 2. 小组学习四冲程发动机原理及特点，说明发动机各行程，完成工作页； 3. 分组拆卸发动机缸盖及配气机构，认识相关零部件，理解各零部件的结构及功用，完成工作页； 4. 小组学习缸盖燃烧室的不同形状及对应的优缺点，完成工作页； 5. 小组学习配气机构的布置形式及不同的传动方式，理解各自的优缺点，完成工作页； 6. 老师对各组及学生表现进行总结点评，强调态度表现。	教师参与 小组讨论 引导文法 学生操作 教师监督 教师辅导	6
活动二	检测与修复气缸盖及配气机构 1. 活动导入，说明本活动的目的及意义，强调安全注意事项； 2. 分组学习检测气缸盖的方法，检查气缸盖是否符合技术要求，完成工作页； 3. 分组学习检测气门组的方法，选择合适的方法检测气门密封性，检查气门组各零件的磨损及配合情况，完成工作页； 4. 分组学习修复、更换气门组的方法，练习研磨气门工艺，完成工作页； 5. 老师对各组及学生表现进行总结点评，强调态度表现。	教师参与 小组讨论 引导文法 学生操作 教师监督 教师辅导	8
活动三	装配与调整配气机构 1. 活动导入，说明本活动的目的及意义，强调安全注意事项； 2. 小组学习装配配气机构的方法及注意事项，分组装配发动机缸盖与配气机构，完成工作页； 3. 小组学习，让学生理解配气定时、多缸发动机做功次序，最终理解调整气门间隙的必要性及方法，完成工作页； 4. 分组练习调整发动机气门间隙，检查配气正时，完成工作页； 5. 老师对各组及学生表现进行总结点评，强调态度表现。	教师参与 小组讨论 引导文法 学生操作 教师监督 教师辅导	8
活动四	学习总结与评价 1. 让学生对本项目的学习进行总结及评价，完成工作页； 2. 分组进行自评、互评，要求客观公正，完成评价表格； 3. 组织各组进行组内表扬（自我表扬）与批评（自我批评）活动，包括知识、技能、态度三方面； 4. 老师对本项目的教学内容进行总结，对各组的总结评价进行补充和点评。	教师参与 课堂对话	2

学生准备

准备项目	准备内容	准备情况
着装准备	穿工作服，禁止穿拖鞋、凉鞋	
文具准备	圆珠笔或钢笔、铅笔、草稿纸、笔记本、计算器	
资料准备	学生工作页、教材	
工具准备	工具箱、呆扳手、梅花扳手、活动扳手、螺钉旋具、钢丝钳、尖嘴钳、鲤鱼钳、铁锤、橡胶锤、铜棒、T形套筒、套筒、扭力扳手、气门弹簧装卸钳、气门座铰刀、气门研磨机、游标卡尺、外径千分尺、刀口尺、塞尺、百分表、磁性表座	

注：各准备项目准备完毕后在“准备情况”一栏注明已完成。

小组信息

组名		人数	
组长			
口号			
组员			

学生工作页

【学习导入】

你可听说过或了解过“气门脚响”这一发动机常见故障？了解的同学可以跟其他同学说说你了解到的情况。如果你不了解或了解不足，那么请认真学习本项目。

在前面的学习中，各小组拆装了发动机，并对发动机的主要零部件进行了认识，还学习了如何检测修复气缸体与曲柄连杆机构。请在大脑里搜索一下：气缸盖、配气机构。在前面的学习活动中我们已经认识了气缸盖和配气机构的部分零部件。现在我们将进一步学习如何检测与修复气缸盖、配气机构。

在学习过程中你将遇到这些关键词：燃烧室、四冲程、配气相位(正时)、气门间隙；同时也会遇到研磨气门、调气门等典型工作。希望你能在团队合作中表现出色，再次提醒：请注意你的态度表现。

【活动一　拆卸并认识配气机构】

小组讨论学习四冲程发动机相关知识，完成下列题目

1. 活塞上止点英文简称：__________，下止点英文简称：__________。四冲程发动机一个工作循环各缸做____次功，各缸活塞分别在上止点和下止点之间来回____次，在此过程中曲轴转____圈，凸轮轴转____圈，它们之间的传动比是____。

2. 四冲程发动机的四个行程分别是________、__________、__________、__________，简称____、____、____、____；当活塞上行时可能是______或______行程，当活塞下行时可能是______或______行程。

3. 分析进、排气门在各行程的开闭情况，用表格展示结果。

> **注意事项**
>
> 充分理解气门开闭与发动机各行程的关系。

小组合作，拆卸配气机构

1. 小组现场研究讨论制定拆卸方案。

次序	拆卸零部件	注 意 事 项	拆卸人	记录人
一				
二				

> **注意事项**
>
> 1. 表格可依据实际情况加行；
> 2. 组内充分讨论，力求方案科学可行；
> 3. 注意组员的分工，要做到共同参与。

2. 按方案拆卸配气机构，记录实际拆卸步骤及遇到的问题。

次序	拆卸零部件	遇到的问题及解决方法
一		
二		
三		
四		

注意事项

1. 拆卸中注意正确选用工具，按规范拆卸，违反操作规范将扣分，造成经济损失的需承担赔偿；
2. 注意按规范摆放零部件及工具设备；
3. 遇到问题请及时向指导老师报告；
4. 表格可依据实际情况加行；
5. 如实记录拆卸过程中遇到的问题；
6. 没轮到动手的组员在旁边观察监督；
7. 拆卸步骤的记录尽量细化。

注意事项

1. 注意清洗规范，避免损伤零部件；
2. 各缸气门组件不可搞混（每个气门必须与原气门座配合）。

3. 清洗气缸盖、配气机构零部件并记录有关信息。

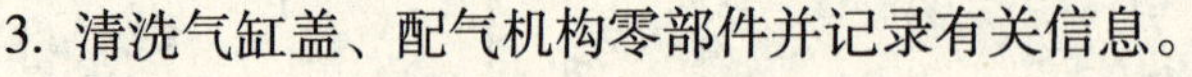

4. 风干清洗完的零部件，按规范摆放好。

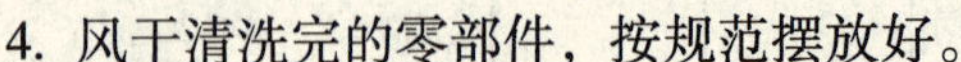

小组讨论学习气缸盖、配气机构相关知识，完成下列题目

1. 认识配气机构零部件，看图填空，并回答问题。

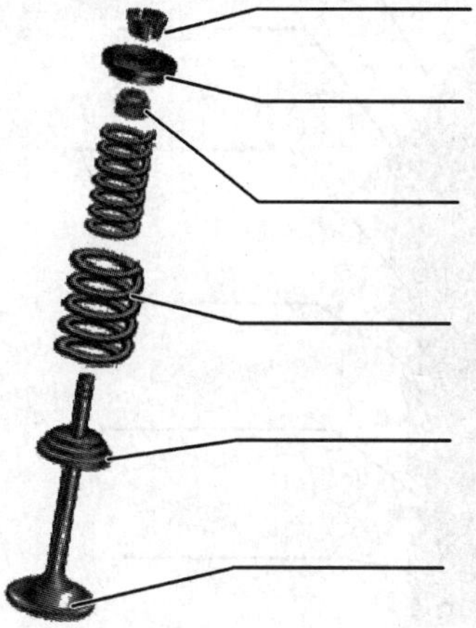

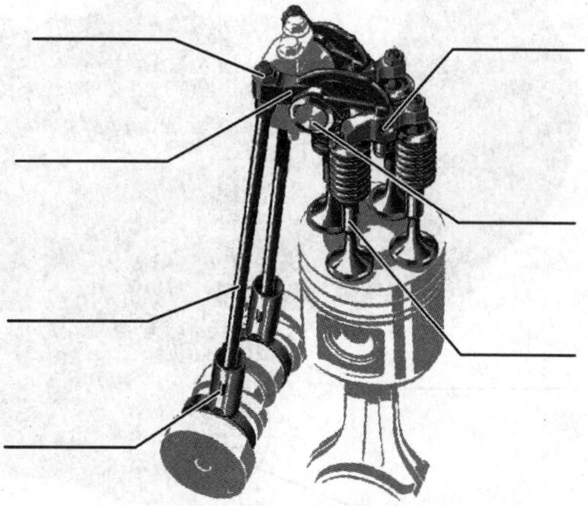

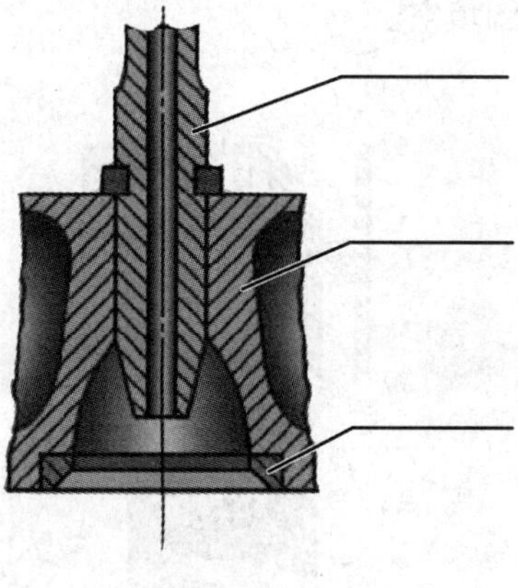

配气机构包括＿＿＿＿＿＿和＿＿＿＿＿＿两部分，结合上面的几个图，说明这两部分分别包括哪些零件？

你所在的小组所拆发动机的配气机构没有上述哪些零件？

2. 看图填空并学习气缸盖相关知识，回答问题。

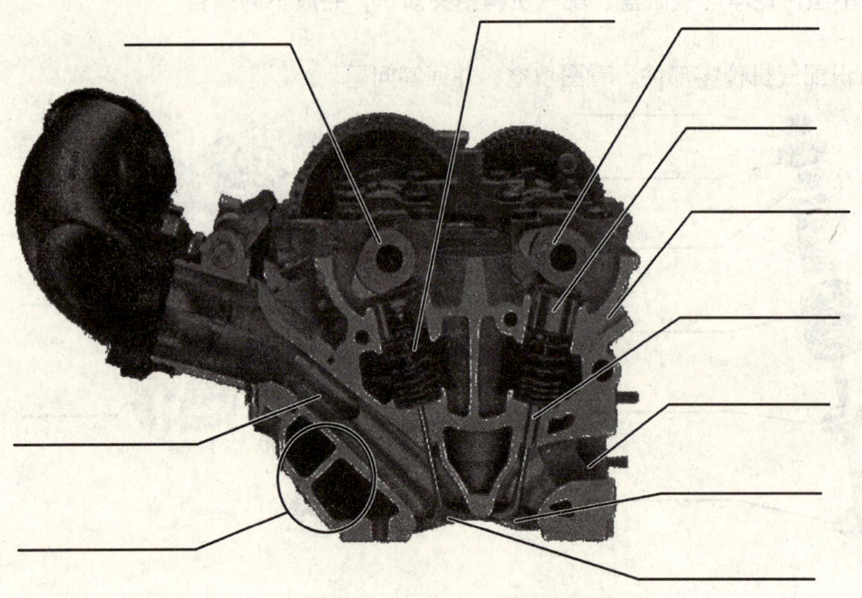

根据发动机气缸盖的受力情况及使用工况，分析其可能的失效形式。

3. 小组学习发动机不同形状燃烧室的有关知识，看图填空。

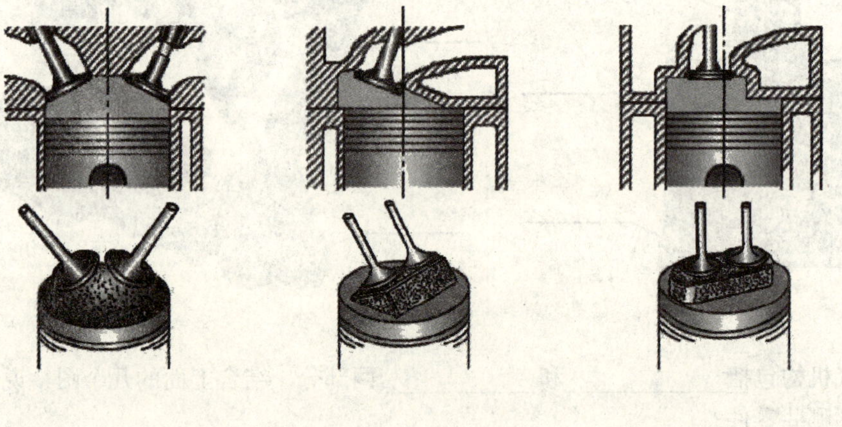

类型：______	类型：______	类型：______
优点：______	优点：______	优点：______
缺点：______	缺点：______	缺点：______

目前应用最广泛的是______

4. 小组学习配气机构的布置形式及传动方式，看图填空。

布置形式：______________	布置形式：______________	布置形式：______________
传动方式：______________	传动方式：______________	传动方式：______________
常见于：______________	常见于：______________	常见于：______________

参考教材、资料，完成下列问题。

带传动的特点：

齿轮传动的特点：

链传动的特点：

单顶置凸轮轴的英文缩写是__________，双顶置凸轮轴的英文缩写是__________。

双顶置凸轮轴有什么优点？

布置形式：______________

传动方式：______________

常见于：______________

5. 一般来说，发动机气门数越多，发动机进气效率就______，现代发动机按每缸气门数来分通常有__________、__________、__________、__________四种，其中目前应用最多的是__________。如果气门数是偶数，一般进排气门数________，但____气门直径稍大；如果气门数是奇数，一般________比________多一个。这样做的目的是：________________________________。

6. 请参照样图，画出其他气门数发动机气门布置示意图。

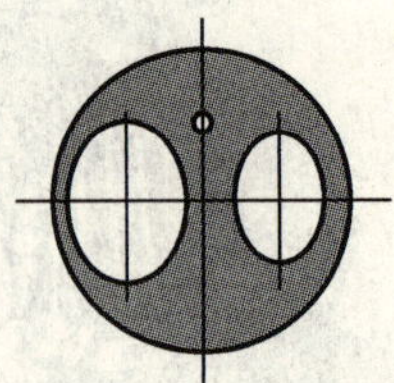

两气门布置示意图

【活动二　检测与修复气缸盖及配气机构】

小组讨论学习检修的相关知识，完成下列题目

1. 如何检测气缸盖平面度，请在下图中画简图示意。

注意事项

画出简图，表达出测量部位。

2. 气缸盖平面度超标对发动机有什么影响？

注意事项

1. 注意总结教材、资料中的知识，用自己的话进行表达，力求简明扼要。

2. 勤于动脑，养成良好学习态度。

3. 气门密封性不好对发动机有什么影响？有哪些方法检测密封性？

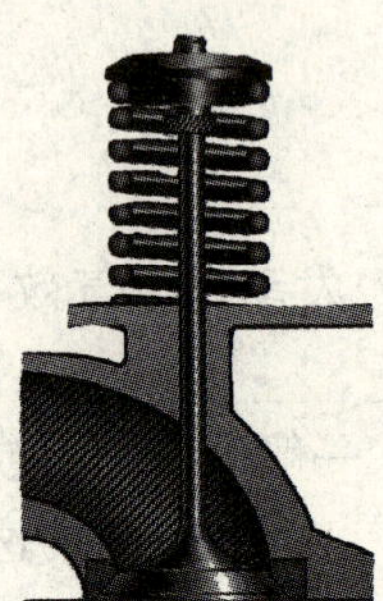

4. 气门弹簧弹力不足对发动机有什么影响？有哪些方法检测其弹力？

5. 凸轮磨损过度对发动机有什么影响？

小组合作，检测气缸盖、配气机构组件

1. 小组研讨，确定气缸盖各检测项目的检查方法或检测工具以及技术标准；进行气缸盖外观检查、平面度检测，完成下表。

缸盖检测记录表

检测（检查）项目		检查方法或检测工具	技术标准	检测（检查）结果	结论	检测人签名
外观检查	裂纹					
	螺纹孔					
	其他损伤					
平面度						

2. 根据检测结果，给出维修方案或建议。

注意事项

1. 维修方案中需说明修理方法，如需更换，需说明更换理由；

2. 请严谨地给出维修方案和建议，在实际工作中这将直接影响客户和你的利益。

3. 小组研讨，确定检测配气机构各组件的详细方案，并按方案进行检测，完成下表。

配气机构检测记录表

检测项目（零部件）	检查方法或检测工具	技术标准	检测（检查）结果	结论	检测人签名
气门密封性					
气门弹簧					
凸轮轴					
正时带					

4. 根据检测结果，给出维修方案或建议。

注意事项

1. 维修方案中需说明修理方法，如需更换，需说明更换理由；

2. 请严谨地给出维修方案和建议，在实际工作中这将直接影响客户和你的利益。

小组合作，学习研磨气门

1. 小组讨论，什么情况下要对气门及气门座进行研磨？研磨气门有什么作用？

注意事项

1. 小组讨论活动每个组员务必积极参与、主动交流；

2. 请及时将讨论结果记录到相应位置，以免遗忘。

2. 参考教材或资料，小组讨论研磨气门的注意事项及操作步骤、动作要领并记录。

3. 组员轮流研磨气门，记录操作体会。

注意事项

1. 没轮到动手或动手完的组员务必在旁边观察，指正错误、学习优点；

2. 请认真操作，老师将进行评比打分。

4. 组内比较各组员的作品，将最好的作品进行组间评比。

注意事项

1. 收尾工作每个成员必须参与，严禁坐享其成；

2. 地面的油水必须清理干净；

3. 老师未宣布下课，严禁退场。

收拾工具，清洁场地

1. 将工具擦拭干净并收拾好，放到指定位置。
2. 各小组清洁各自工位，包括设备、工作台、地面。
3. 离开实训室(课室)时确认关电、关窗、锁门。

【活动三　装配与调整配气机构】

小组合作，装配气缸盖及配气机构各组件

1. 小组研讨，确定装配的顺序及注意事项，将研讨结果填入表中相应位置（发动机气门室罩先不安装）。

2. 依据方案进行装配，将装配情况记录至表中相应位置。

次序	装配零部件	注 意 事 项	装配人	装配情况
一				
二				

注意事项

1. 装配中注意正确选用工具，按规范装配，违反操作规范将扣分，造成经济损失的需承担赔偿；

2. 遇到问题请及时向指导老师报告；

3. 表格可依据实际情况加行；

4. 如实记录装配情况；

5. 没轮到动手的组员在旁边观察监督。

小组讨论学习配气相位的相关知识，完成下列题目

1. 解释配气相位相关名词。

进气提前角（α）：

进气迟后角（β）：

排气提前角（γ）：

排气迟后角（δ）：

注意事项

注意总结教材、资料中的知识，用自己的话进行表达，力求简明扼要。

气门重叠角：

2. 将配气相位四个角的代号标入下面的配气相位图，并理解配气相位。

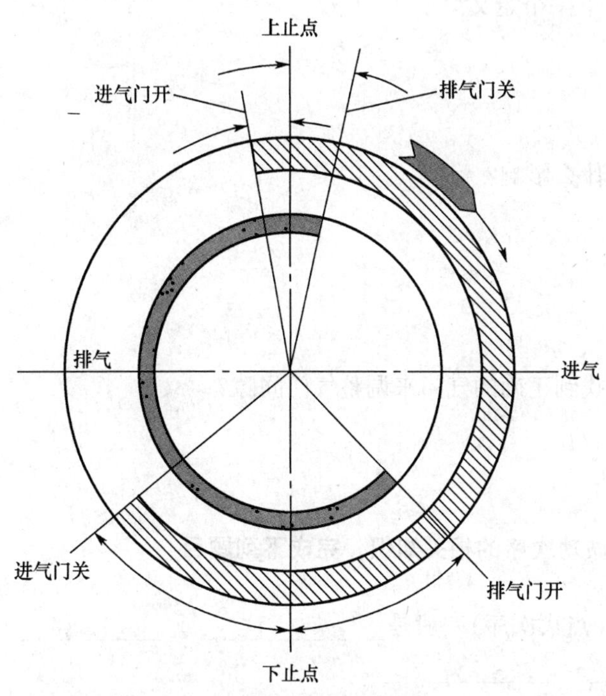
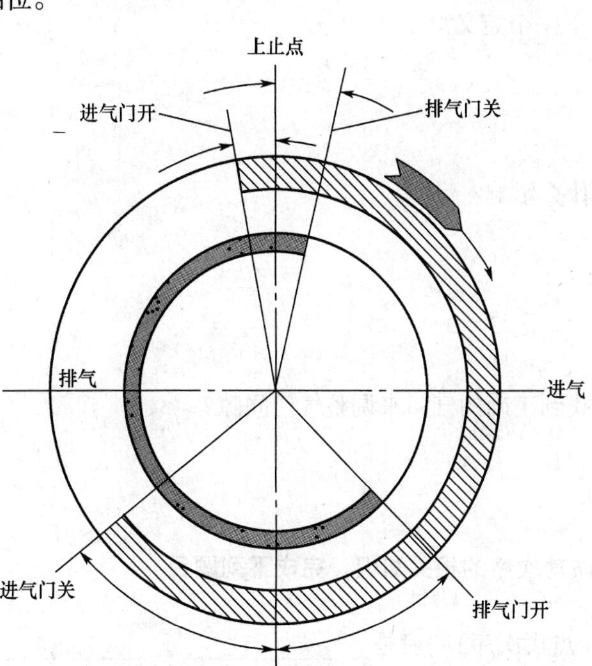

注意事项

根据配气相位图充分理解进排气门的开闭时刻和气门重叠角。

3. 进气门提前打开、推迟关闭有什么作用？

注意事项

1. 勤于动脑，切忌简单抄袭，养成良好的学习态度；

2. 注意总结教材、资料中的知识，用自己的话进行表达，力求简明扼要。

4. 排气门提前打开、推迟关闭有什么作用？

5. 简述配气相位各角度不合理（不符合原厂值）可能出现的问题。（提示：可用表格描述）

小组学习配气机构中气门间隙的相关知识及调整方法，完成下列题目

1. 当发动机工作时，温度上升，气门受热会________，假如发动机在装配时，气门传动组与气门之间没有间隙，此时气门会________而漏气，导致发动机功率________，油耗________，发动机过热，甚至不能________。因此，配气机构中常留有气门间隙。

2. 小组讨论，给“气门间隙”下一个定义。

3. 气门间隙不正确对发动机有什么影响?

4. 以你现有的知识，你将如何找到正确的气门来调整气门间隙?

小组讨论学习多缸发动机做功次序的相关知识，完成下列题目

1. 直列四缸发动机的做功次序(点火次序)一般是__________或__________，直列六缸发动机的做功次序一般是__________。

思考：为什么其做功次序要这样设计?

2. 当活塞处于压缩上止点时，该缸的进排气门都处于______状态。据此，请你简述如何用“逐缸调整法”找出可调的气门(以四缸发动机为例)。

3. 根据四缸发动机的做功次序(1-3-4-2)，分析发动机工作循环，完成下表。

直列四缸发动机工作循环

曲轴转角/(°)	第一缸	第二缸	第三缸	第四缸
0~180	做功			
180~360				
360~540				
540~720				

4. 当第一缸处于压缩上止点时，根据工作循环分析其他各缸的状态及气门的状态。

状态	第一缸	第二缸	第三缸	第四缸
	压缩上止点			
进气门				
排气门				

5. 根据上表，你认为当一缸处于压缩上止点时，可调整哪些气门的气门间隙？

6. 结合前面的分析，理解调气门的“双排不进法”。用表格表示四缸发动机可调气门的排列。

小组合作，用“双排不进法”调整发动机各气门间隙

1. 查找资料，小组讨论，确定用“双排不进法”调气门的具体步骤。

注意事项

1. 具体步骤需结合你所在的小组的发动机来制定，尽量具体且切实可行；

2. 讨论活动务必每个组员都要参与。

2. 观看视频或指导老师的示范操作，记录操作要点。

3. 将各气门的气门间隙调整至标准值，记录调整情况。

注意事项

1. 注意分工合作，每个组员务必都参与；

2. 注意操作规范。

4. 装配发动机其他零部件。

注意事项

1. 收尾工作每个成员必须参与，严禁坐享其成；

2. 地面的油水必须清理干净；

3. 老师未宣布下课，严禁退场。

收拾工具，清洁场地

1. 将工具擦拭干净并收拾好，放到指定位置。
2. 各小组清洁各自工位，包括设备、工作台。
3. 值日生打扫场地卫生。
4. 离开实训室(课室)时确认关电、关窗、锁门。

【活动四　学习总结与评价】

总结自己在此次学习活动中的表现

1. 回顾你在本项目中学到了哪些专业知识和技能。

2. 对自己在此次学习活动中的态度表现进行评价。

优点和进步：

不足之处及改善方法：

3. 每组安排一名组员进行自我表扬与批评。

4. 小组内进行自评、互评，在评价表中给出相应分数，完成后上交指导老师。

5. 轮值组长对组员进行表扬与批评。

6. 记录组长及组员对你的评价及建议。

优点和进步：

不足之处及改善方法：

注意事项

认真总结前阶段学习情况，注意利用课外时间复习薄弱点。

注意事项

1. 对自己及组员的评价务必做到客观公正，目的是让自己及组员表现更好；

2. 改善方法要切合实际，切忌说大话；

3. 发言的同学请注意用词用意，尽量放开嗓音，表现自信；

4. 对他人提出的批评与意见要虚心接受，不要心存敌意。

项目六　认识、检修空气供给系统

能力目标

知识目标

1. 说明发动机不同工况对混合气浓度的要求；
2. 说明电控系统的一般组成及工作原理；
3. 说明发动机不同电控系统的组成特点及工作原理；
4. 说明空气滤清器、进气管、进气歧管的结构及功用；
5. 说明电控发动机不同空气计量原理及装置；
6. 解释不同空气流量计的测量原理与结构特点；
7. 解释进气压力传感器的测量原理与结构特点；
8. 解释节气门体及节气门位置传感器的结构及功用；
9. 说明空气供给系各电控元件的引脚定义及检测方法。

技能目标

1. 会选用并熟练使用工具设备；
2. 会更换空气滤清器；
3. 会拆装检修不同空气流量计；
4. 会拆装检修进气压力传感器；
5. 会检测进气温度传感器；
6. 会拆装检修节气门体及节气门位置传感器；
7. 会拆装检修怠速控制阀；
8. 会拆装检修电子节气门及电子加速踏板；
9. 会连接电控元件相关电路；
10. 会运用参考资料及网络查询相关信息来帮助检测和修复。

态度目标

1. 能按时出勤；
2. 能尊重老师，团结同学；
3. 能服从老师、组长的安排；
4. 能主动改正错误，学习他人长处；
5. 能主动按要求进行着装；
6. 能主动遵守安全操作规范；

7. 能积极主动完成学习任务；
8. 能爱护工具及教学设备；
9. 能积极主动清洁工具、设备、车间。

教师准备

准备项目	准备内容	准备情况
资料准备	学生工作页、教材及相关教学视频	
工具准备	发动机常用拆装工具、电烙铁、直流稳压电源、万用表、水加热器、温度计、热风筒(电吹风)、针筒及软管	
场地与设备准备	工作台6张、电控发动机6台、电控系统散件、多媒体系统1套、椅子45张	
材料准备	导线、焊锡丝、松香、导线插接头、汽油、化油器清洗剂、密封胶、棉纱、抹布、洗衣粉	

注：各准备项目准备完毕后在“准备情况”一栏注明已完成。

课时分配

活动	活动内容	课时	总课时
活动一	认识发动机电控系统	4	22
活动二	认识检修进气系统	8	
活动三	认识检修节气门体与怠速系统	8	
活动四	学习总结与评价	2	

教学过程

活动	活动过程	教学方法	课时
活动一	认识发动机电控系统 1. 活动导入，说明本活动的目的及意义； 2. 小组学习可燃混合气相关知识，理解发动机不同工况对混合气的要求，完成工作页； 3. 小组学习电控发动机基本知识，说明电控发动机的基本类型，完成工作页； 4. 小组学习典型发动机电控系统，说明其基本组成及特点，完成工作页； 5. 小组讨论，总结一般电控系统的组成，理解开环控制与闭环控制，完成工作页； 6. 老师对各组学生表现进行总结点评，强调态度表现。	小组讨论 教师辅导	4

（续）

活　动	活动过程	教学方法	课　时
活动二	认识检修进气系统 1. 活动导入，说明本活动的目的及意义，强调安全注意事项； 2. 小组讨论学习发动机空气供给系统相关知识，认识空气供给系统各组成部分，完成工作页； 3. 分组认识各组电控发动机空气供给系统，画出空气供给系统组成框图，完成工作页； 4. 小组讨论学习 D 型燃油喷射系统的空气测量原理，完成工作页； 5. 分组检测进气压力传感器、进气温度传感器，完成工作页； 6. 小组讨论学习 L 型燃油喷射系统的空气测量原理，完成工作页； 7. 分组检测热线式或热膜式空气流量计，完成工作页； 8. 老师对各组学生表现进行总结点评，强调态度表现。	教师参与 小组讨论 引导文法 学生操作 教师监督 教师辅导	8
活动三	认识检修节气门体与怠速系统 1. 活动导入，说明本活动的目的及意义，强调安全注意事项； 2. 小组认识节气门体相关组成和结构，并理解各自的功能，完成工作页； 3. 小组学习节气门位置传感器工作原理及其作用，分组检测节气门位置传感器，完成工作页； 4. 小组学习发动机怠速系统相关知识，说明怠速系统的功用及组成，完成工作页； 5. 小组讨论学习电控发动机不同怠速控制阀的工作原理及结构组成，分组检测怠速控制阀，完成工作页； 6. 小组讨论学习节气门直动式怠速控制系统的工作原理及结构组成，分组检测节气门直动式怠速控制机构，完成工作页； 7. 小组讨论学习电子节气门的工作原理及结构组成，分组检测电子节气门，判断各引脚，完成工作页； 8. 老师对各组学生表现进行总结点评，强调态度表现。	教师参与 小组讨论 引导文法 学生操作、 教师监督 教师辅导	8
活动四	学习总结与评价 1. 让学生对本项目的学习进行总结及评价，完成工作页； 2. 分组进行自评、互评，要求客观公正，完成评价表格； 3. 组织各组进行组内表扬（自我表扬）与批评（自我批评）活动，包括知识、技能、态度三方面； 4. 老师对本项目的教学内容进行总结，对各组的总结评价进行补充和点评。	教师参与 课堂对话	2

学生准备

准备项目	准备内容	准备情况
着装准备	穿工作服，禁止穿拖鞋、凉鞋	
文具准备	圆珠笔或钢笔、铅笔、直尺、草稿纸、笔记本、计算器	
资料准备	学生工作页、教材、相关维修手册	
工具准备	发动机常用拆装工具、电烙铁、直流稳压电源、万用表、水加热器、温度计、热风筒(电吹风)、针筒及软管	

注：各准备项目准备完毕后在“准备情况”一栏注明已完成。

小组信息

组名		人数	
组长			
口号			
组员			

学生工作页

【学习导入】

汽车产业是一个综合性的产业，汽车技术也是一项综合性的技术，汽车维修自然也是一项复杂的综合性工作。汽车设计、生产中的任何一项相关技术发生变化都会对汽车维修技术产生影响，因此汽车维修行业对从业人员掌握新技术、新技能的要求越来越高。作为汽车维修专业的一名学生，如果有人问你：现代发动机与传统发动机最大的区别在哪里？未来汽车发动机技术的发展方向是什么？现代汽车维修的热点在哪？你将如何回答？现在你可能还答不上，那么请带着这些问题进入下面的学习吧。

在本项目的学习过程中你将遇到这些关键词：空燃比、电控燃油喷射、空气流量计、进气压力传感器、温度传感器；同时也会遇到检测传感器、清洗节气门等典型工作。如果你觉得这些对你来说很陌生，那么请端正学习态度，积极参与小组学习活动，之后这些就不会陌生了。

【活动一　认识发动机电控系统】

小组讨论学习可燃混合气相关知识，完成下列题目

1. 可燃混合气是指______与______的混合物，其成分对发动机的________、________及____________都有很大影响。

2. 请解释以下名词。

空燃比(*A/F*)：

过量空气系数(*α*)：

浓混合气：

理论混合气：

稀混合气：

功率混合气：

经济混合气：

> **注意事项**
>
> 1. 在解释名词时，需同时用“空燃比”、“过量空气系数”两种参数进行解释；
>
> 2. 注意理解“空燃比”与“过量空气系数”的关系。

3. 小组讨论，分析发动机不同工况对混合气浓度的要求。

> **注意事项**
>
> 请用表格进行表述。

小组讨论学习发动机电控系统基本知识，完成下列题目

1. 电控燃油喷射英文简称为______，它以测量出的______信号为基础，计算出发动机所需的______，然后控制______开启给发动机提供适量的燃油。其最大的特点是精确控制______，以满足社会对汽车发动机________、经济性，特别是________越来越高的要求。

2. 我国________年7月1日后生产的小型汽车(汽油车)基本都装备了电喷发动机，进口汽车早在20世纪七八十年代就大量采用电喷系统，因此，目前国内在用的汽车已普及电喷发动机。

3. 单一的电控汽油喷射系统常称为________________；而目前电控发动机多采用发动机集中管理系统，称为__________________，它包括了______________、______________以及相关辅助控制。在许多车型中，发动机控制系统还兼容了______________，可称为动力总成控制系统。

4. 认识典型电控燃油喷射系统，看图填空。

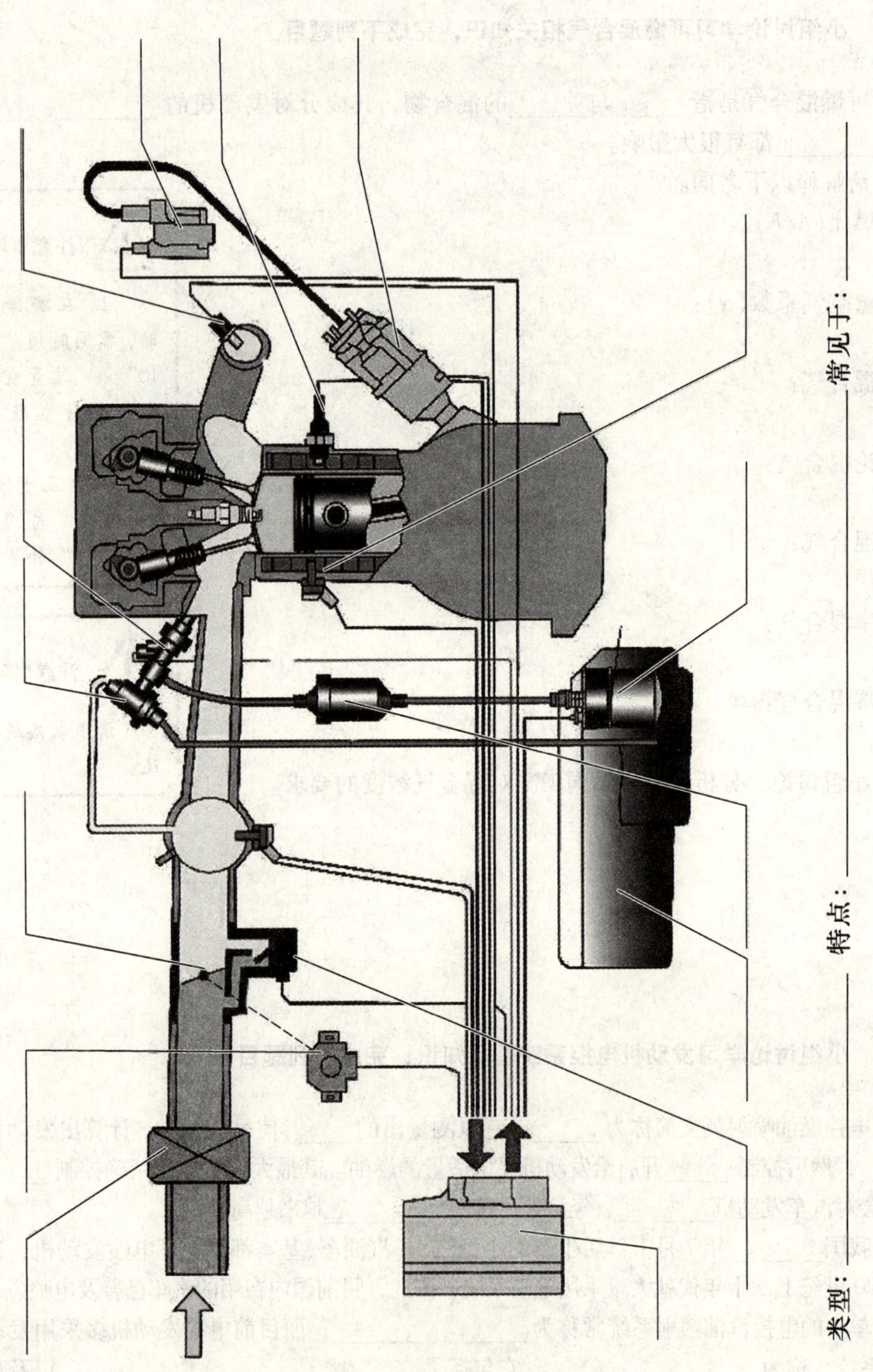

类型：
特点：
常见于：

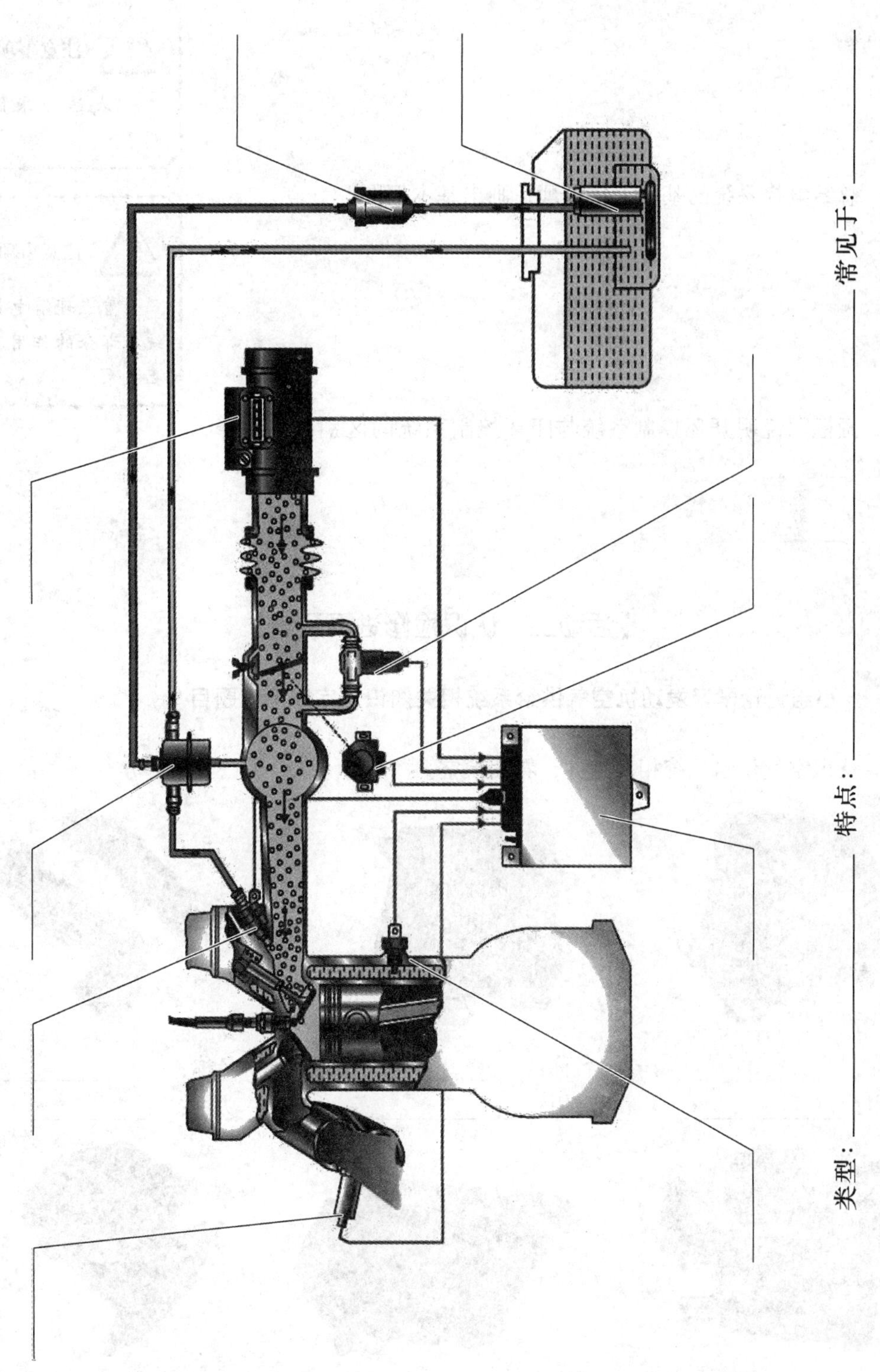
类型：
特点：
常见于：

5. 请按进气量的测量方式对电控燃油喷射系统进行分类，并写出相应的进气量传感器。

注意事项

表达力求简洁明了。

6. 总结电控系统的基本工作原理，画出基本框图。

注意事项

重点理解电控系统各部分的作用及相互关系。

7. 画框图说明开环控制系统与闭环控制系统的区别，并解释各自优缺点。

【活动二　认识检修进气系统】

小组讨论学习发动机空气供给系统相关知识，完成下列题目

1. 认识空气供给系统相关组件，看图填空。

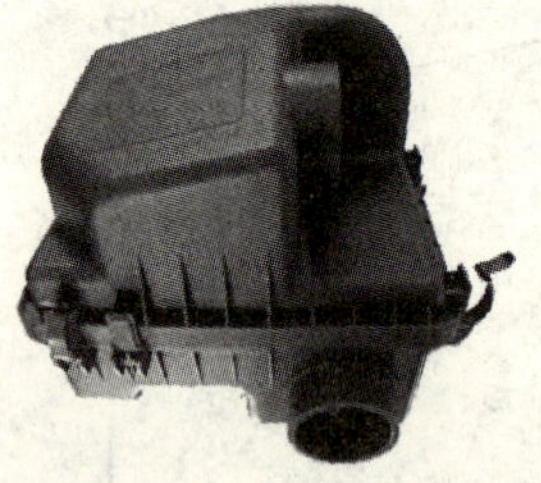

名称：________
功用：________

名称：________
功用：________

名称：________
功用：________

名称：________
功用：________

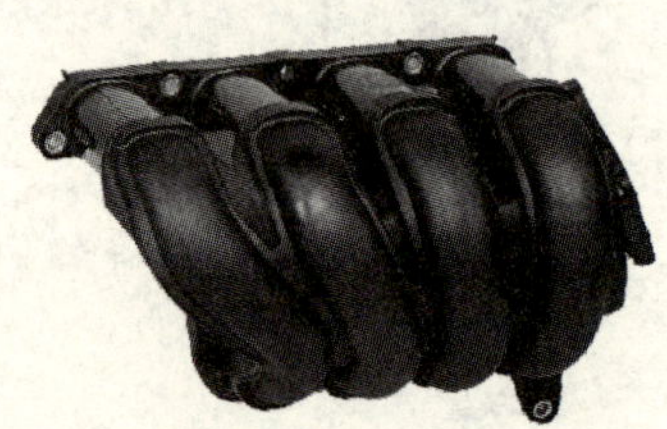

名称：________
功用：________

名称：________
功用：________

名称：______________
功用：______________

名称：______________
功用：______________

名称：______________
功用：______________

名称：______________
功用：______________

名称：______________
功用：______________

名称：______________
功用：______________

2. 传统进气歧管一般采用____________或____________材料，目前不少新车型则采用____________材料，其主要优点是__________________________。

3. 现场观察你所在的小组发动机的空气供给系统，说明 EFI 系统类型，并画出空气供给系统组成框图。

注意事项

注意观察进气压力传感器或空气流量计的安装位置。

小组学习典型 D 型系统，完成下列题目

1. 进气压力传感器最常见的是________________式，其内部的压敏电阻在压力变化时，__________也会相应发生变化，电阻的变化转变为________ 经放大传给__________。

2. D 型燃油喷射系统中的 ECU 如何知道当前进气量？

注意事项

着重理解压力与进气量之间的关系。

3. D 型燃油喷射系统为什么要检测进气温度？

注意事项

着重理解空气温度与压力之间的关系。

4. 采用进气压力传感器测量进气量，这种方式有什么优缺点？

小组合作，认识并检测进气压力传感器

1. 进气压力传感器分别有哪几个引脚？请画出示意图表示。

注意事项

需说明各引脚的作用。

2. 小组讨论进气压力传感器及其线路的检测方法，并检测你所在的小组的进气压力传感器及其线路。

注意事项

1. 用表格记录方案及检测过程、结果；

2. 请分别进行电压、电阻检测，写出详细的检测方法；

3. 检测传感器时应使用数字万用表；

4. 避免损坏传感器插接头。

小组合作，认识并检测进气温度传感器

1. 进气温度传感器的感温体是一个____（正/负）温度系数热敏电阻，该传感器有____个引脚。

2. 查资料，找出进气温度传感器各温度下的电阻值，检测你所在的小组进气温度传感器的相应电阻，将数据记入下表，并判断传感器好坏。

注意事项

1. 根据实际情况可增加表格列数；

2. 热水伤人，注意安全。

温　度			
标准电阻			
实测电阻			

结论：

小组学习典型 L 型系统，完成下列题目

注意事项

1. 请认真分析回答旁边的问题，这些问题有助于你将来的工作；

2. 回答力求简明扼要，切忌简单抄袭。

1. 空气流量计比较常见的是________________式，其内部放置有一根通电后会发热的细______，称为________；同时还有一个温度补偿电阻，称为________。

2. 热线式空气流量计如何防止铂丝表面受污染而影响测量精度？

3. L 型燃油喷射系统中的 ECU 如何知道当前进气量？

4. 在采用热线式空气流量计的进气系统中，是否需要进气温度传感器？为什么？

5. 热膜式空气流量计与热线式空气流量计有什么异同？

注意事项

需说明各引脚的作用。

6. 热膜式空气流量计有哪些优点使得它被广泛采用？

注意事项

1. 用表格记录方案及检测过程、结果；

2. 请分别进行电压、电阻检测，写出详细的检测方法；

3. 检测传感器时应使用数字万用表；

4. 避免损坏传感器插接头。

小组合作，认识并检测空气流量计

1. 热膜式空气流量计分别有哪几个引脚？请画出示意图表示。

2. 小组讨论热膜（或热线）式空气流量计及其线路的检测方法，并检测你所在的小组的热膜（或热线）式空气流量计及其线路。

【活动三　认识检修节气门体与怠速系统】

小组学习节气门体相关知识，完成下列题目

1. 写出下图节气门体总成相关组件或部位的名称。

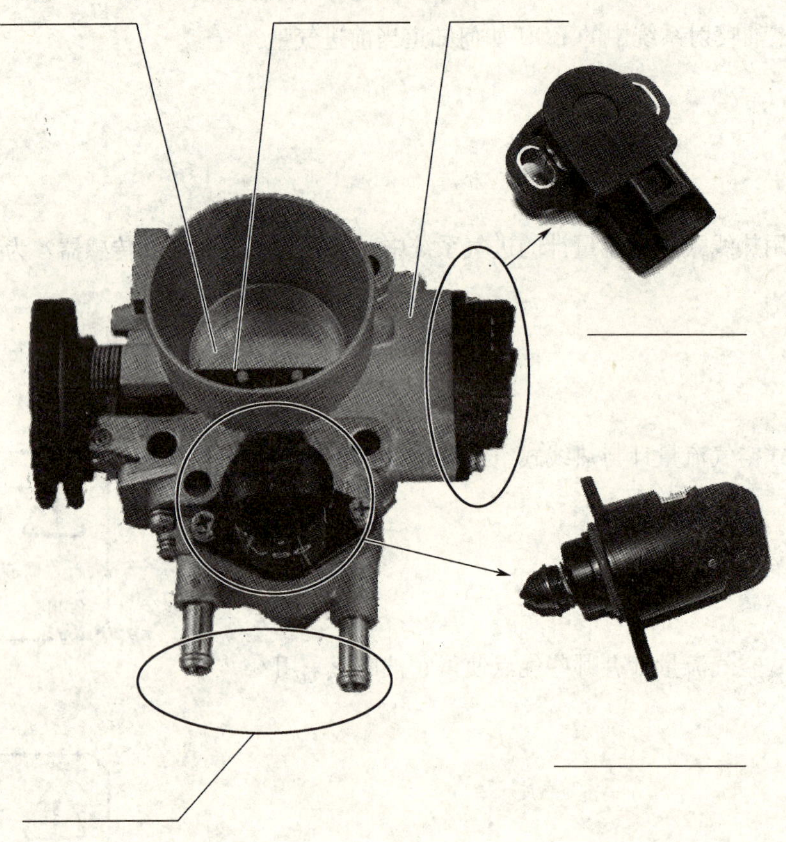

2. 节气门在发动机中起到调节______________的作用，当节气门全关时，发动机处于__________状态，发动机负荷________；当节气门全开时，发动机处于________工况，输出功率为各转速下的________（最大/最小）功率。

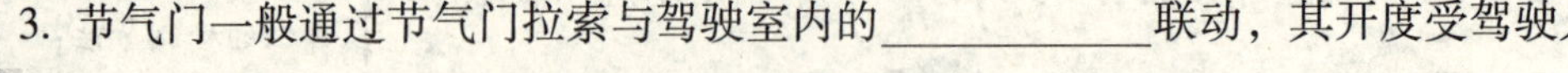

3. 节气门一般通过节气门拉索与驾驶室内的____________联动，其开度受驾驶人控制。

小组学习节气门位置传感器相关知识，完成下列题目

1. 节气门位置传感器有哪几种类型，每种类型分别有哪几个引脚？分别有什么功能？请用表格进行总结。

2. 目前较常见的节气门位置传感器是哪种？它有什么优点？

小组合作，检修节气门位置传感器

小组讨论节气门位置传感器及其线路的检测方法，并检测你所在的小组发动机的气门位置传感器及其线路。

注意事项

1. 用表格记录方案及检测过程、结果；

2. 请分别进行电压、电阻检测，写出详细的检测方法；

3. 检测传感器时应使用数字万用表；

4. 避免损坏传感器插接头。

小组学习怠速系统相关知识，完成下列题目

1. 怠速是指发动机不对外输出________时的最低______转速；汽油发动机怠速运转时排放的污染物______（最多/最少），因此怠速控制对降低_________和减少_________有很大意义。

2. 怠速过高或过低分别有什么弊端？一般汽油发动机的怠速是多少？

注意事项

1. 请认真分析回答这些问题，这些问题有助于你将来的工作；

2. 回答力求简明扼要，切忌简单抄袭。

3. 在什么情况下发动机需要快怠速，为什么？一般汽油发动机的快怠速是多少？

4. 电控发动机 ECU 进行怠速控制时一般要知道哪些信号？

注意事项

理解各个信号分别有什么作用。

5. 阅读资料，小组讨论，汇总出电控怠速控制的常见类型。

小组合作，学习怠速控制阀并进行检测

	名　　称：	检测方法	
	工作原理：		
		检测结果	
引脚数：			
	名　　称：	检测方法	
	工作原理：		
		检测结果	
引脚数：			
	名　　称：	检测方法	
	工作原理：		
		检测结果	
引脚数：			

小组学习节气门直动式怠速控制的相关知识，完成下列题目

1. 看图写出以下部位的名称。

2. 该怠速系统中________(有/没有)单独的怠速旁通气道，怠速进气量直接由________开度控制，怠速时节气门的打开受____________驱动，节气门的关闭由__________驱动。当怠速控制系统出现问题时，节气门受__________控制，此时发动机处于快怠速状态。

3. 节气门位置传感部分可输出哪几个信号？

小组合作，检测并判断引脚

1. 该节气门体上的线束接头有____个引脚，小组讨论：如何分辨出各个引脚？记录讨论结果。

2. 按讨论出的方法分辨各个引脚，将结果记录如下：

注意事项

1. 在没有维修资料的前提下根据工作原理分辨引脚，这在工作中也经常遇到；

2. 如需通电测试，请注意电压，且尽量缩短通电时间；

3. 避免损坏元件插接头。

小组学习电子节气门的相关知识，完成下列题目

1. 观察下图，填空并回答问题。

主要特点：

总成名称：________________

2. 看图写出电子节气门体各部位的名称。

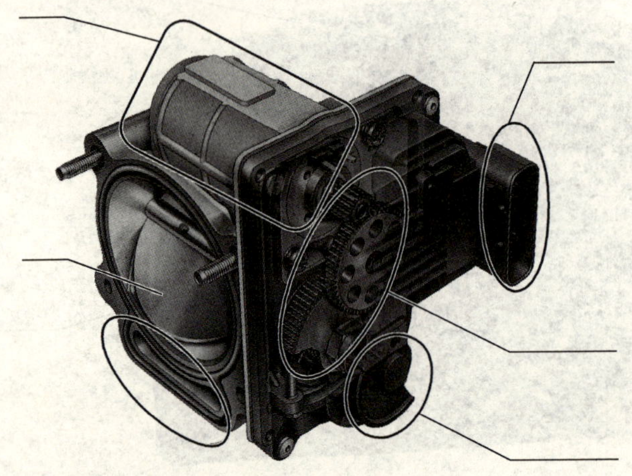

3. 观察下图，填空并回答问题。

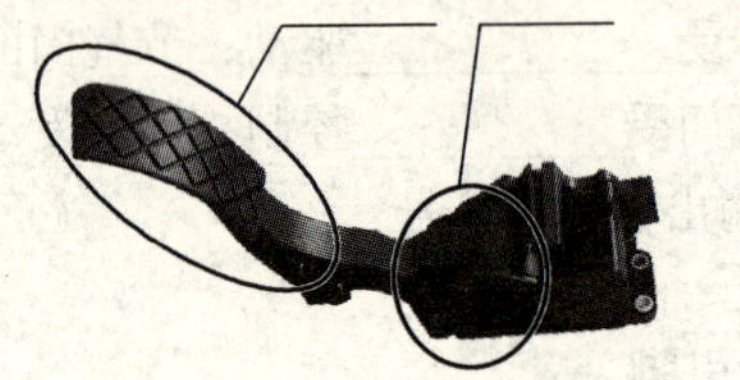

功　用：

工作原理：

总成名称：________________

4. 结合前面的知识，查找资料，简述电子节气门系统的工作原理。

注意事项

说明电子节气门系统需参考哪些信号，节气门如何被控制。

5. 采用电子节气门有哪些优缺点，为什么？

小组合作，检测并判断引脚

讨论判断电子节气门各引脚的方法，按讨论出的方法分辨各个引脚并记录结果。

注意事项

1. 如需通电测试，请注意电压，且尽量缩短通电时间；

2. 避免损坏元件插接头。

【活动四　学习总结与评价】

总结自己在此次学习活动中的表现

1. 回顾你在本项目中学到了哪些专业知识和技能。

注意事项

认真总结前阶段学习情况，注意利用课外时间复习薄弱点。

2. 对自己在此次学习活动中的态度表现进行评价。

优点和进步：

不足之处及改善方法：

注意事项

1. 对自己及组员的评价务必做到客观公正，目的是让自己及组员表现更好；

2. 改善方法要切合实际，切忌说大话；

3. 发言的同学请注意用词用意，尽量放开嗓音，表现自信；

4. 对他人提出的批评与意见要虚心接受，不要心存敌意。

3. 每组安排一名组员进行自我表扬与批评。

4. 小组内进行自评、互评，在评价表中给出相应分数，完成后上交指导老师。

5. 轮值组长对组员进行表扬与批评。

6. 记录组长及组员对你的评价及建议。

优点和进步：

不足之处及改善方法：

项目七　认识、检修燃油与点火系统

能力目标

知识目标

1. 说明汽油的特性与标号；
2. 说明燃油系统各组件的名称；
3. 说明燃油系统主要组成部件的位置及功用；
4. 说明电控燃油喷射系统的不同类型；
5. 解释典型电动燃油泵的结构及工作原理；
6. 解释典型油泵控制电路的特点及控制过程；
7. 解释喷油器的结构及控制电路的工作原理；
8. 解释电控燃油喷射系统喷油量的控制策略；
9. 说明典型电控点火系统的组成及工作原理；
10. 说明典型发动机管理系统的组成；
11. 理解发动机管理系统各部件故障对发动机的影响。

技能目标

1. 会选用并熟练使用工具设备；
2. 会拆装检修燃油泵总成及其电路；
3. 会检修喷油器及其控制电路；
4. 会拆装检修燃油压力调节器；
5. 会检修电控点火系统主要部件；
6. 会检测判断曲轴、凸轮轴转速及位置传感器；
7. 会判断各电控元件的引脚；
8. 会运用参考资料及网络查询相关信息来帮助检测和修复。

态度目标

1. 能按时出勤；
2. 能尊重老师，团结同学；
3. 能服从老师、组长的安排；
4. 能主动改正错误，学习他人长处；
5. 能主动按要求进行着装；
6. 能主动遵守安全操作规范；

7. 能积极主动完成学习任务；
8. 能爱护工具及教学设备；
9. 能积极主动清洁工具、设备、车间。

教师准备

准备项目	准备内容	准备情况
资料准备	学生工作页、教材、相关教学视频	
工具准备	发动机常用拆装工具、电烙铁、直流稳压电源、万用表、喷油器检测清洗机	
场地与设备准备	工作台6张、发动机冷却系零件、润滑系散件、多媒体系统1套、椅子45张	
材料准备	导线、焊锡丝、松香、导线插接头、汽油、密封胶、棉纱、抹布、洗衣粉	

注：各准备项目准备完毕后在“准备情况”一栏注明已完成。

课时分配

活动	活动内容	课时	总课时
活动一	认识燃油供给系统	4	24
活动二	认识检修油泵及其控制电路	4	
活动三	认识检修喷油器及其控制电路	6	
活动四	认识检修电控点火系统	8	
活动五	学习总结与评价	2	

教学过程

活动	活动过程	教学方法	课时
活动一	认识燃油供给系统 1. 活动导入，说明本活动的目的及意义，强调安全注意事项； 2. 小组学习汽油的相关特性，完成工作页； 3. 小组认识燃油系统各组成部分，了解燃油系统主要零部件的功用及其位置，完成工作页； 4. 小组学习燃油喷射系统的类型及其特点，说明各组燃油喷射系统的类型及特点，完成工作页； 5. 老师对各组学生表现进行总结点评，强调态度表现。	教师参与 小组讨论 教师辅导	4

（续）

活　动	活动过程	教学方法	课　时
活动二	认识检修油泵及其控制电路 1. 活动导入，说明本活动的目的及意义，强调安全注意事项； 2. 小组学习涡轮式电动汽油泵和滚柱式电动汽油泵的结构原理及特点，完成工作页； 3. 小组学习电动汽油泵的控制方法，理解不同油泵控制电路，说明油泵控制过程，完成工作页； 4. 分组检测燃油泵总成及其电路，并判断燃油泵总成线束接头引脚定义，完成工作页； 5. 老师对各组学生表现进行总结点评，强调态度表现。	教师参与 小组讨论 引导文法 学生操作 教师监督 教师辅导	4
活动三	认识检修喷油器及其控制电路 1. 活动导入，说明本活动的目的及意义，强调安全注意事项； 2. 小组学习轴针式、球阀式、片阀式喷油器的结构特点及工作原理，理解高阻喷油器与低阻喷油器的区别，完成工作页； 3. 小组讨论，理解控制喷油量的方法、喷油脉宽与喷油量的关系，完成工作页； 4. 小组学习喷油器控制电路的相关知识，解释不同控制电路的特点，判断各组发动机喷油器控制电路的类型，完成工作页； 5. 分组检测喷油器电阻及喷油性能，检测燃油压力调节器工作性能，完成工作页； 6. 老师对各组学生表现进行总结点评，强调态度表现。	教师参与 小组讨论 引导文法 学生操作 教师监督 教师辅导	6
活动四	认识检修电控点火系统 1. 活动导入，说明本活动的目的及意义，强调安全注意事项； 2. 小组学习电控点火系统的类型，并进行汇总，完成工作页； 3. 小组认识电控点火系统各组成部件，说明各部件的功用，完成工作页； 4. 小组讨论学习典型电控点火系统的组成及工作原理，完成工作页； 5. 小组学习电控点火系统的控制原理，说明系统不同阶段的控制目标与内容以及需参考的信号，完成工作页； 6. 分组观察电控点火系统，说明类型及特点，检测各电控部件，并判断引脚定义，完成工作页； 7. 小组总结汇总发动机管理系统主要组成，找出并理解影响发动机运作的主要部件； 8. 老师对各组学生表现进行总结点评，强调态度表现。	教师参与 小组讨论 引导文法 学生操作 教师监督 教师辅导	8
活动五	学习总结与评价 1. 让学生对本项目的学习进行总结及评价，完成工作页； 2. 分组进行自评、互评，要求客观公正，完成评价表格； 3. 组织各组进行组内表扬（自我表扬）与批评（自我批评）活动，包括知识、技能、态度三方面； 4. 老师对本项目的教学内容进行总结，对各组的总结评价进行补充和点评。	教师参与 课堂对话	2

学生准备

准备项目	准备内容	准备情况
着装准备	穿工作服，禁止穿拖鞋、凉鞋	
文具准备	圆珠笔或钢笔、铅笔、草稿纸、笔记本、计算器	
资料准备	学生工作页、教材、相关维修手册	
工具准备	发动机常用拆装工具、电烙铁、直流稳压电源、万用表、喷油器检测清洗机	

注：各准备项目准备完毕后在“准备情况”一栏注明已完成。

小组信息

组名		人数	
组长			
口号			
组员			

学生工作页

【学 习 导 入】

假如你驾驶汽车不小心与其他车辆发生了激烈碰撞后，你最担心什么，可能很多人会说：爆炸！没错，我们在看20世纪八九十年代的警匪片时，只要两辆车碰撞得较激烈，一般都会看到爆炸镜头。谁都不希望自己没被撞死却被炸死、烧死了。那么现实中的汽车真的会一撞就爆炸吗？通过本项目的学习，相信你会找到答案。

在本项目的学习过程中你将遇到这些关键词：曲轴转速及位置传感器、凸轮轴位置传感器、电动汽油泵、燃油分配管、喷油器、电控点火；同时也会遇到检测传感器、拆检汽油泵、清洗喷油器等典型工作。如果你觉得这些对你来说很陌生，那么请端正学习态度，积极参与小组学习活动，之后这些就不会陌生了。

【活动一　认识燃油供给系统】

小组讨论学习汽油的相关知识，完成下列题目

1. 汽油是由________提炼而来的，它具有易蒸发、________、________的特性，因此在使用中应注意安全。

2. 汽油的主要使用性能指标有________、________、________。

3. 目前市场上供应的汽油有哪几种标号？哪种的抗爆性最高？为什么？

4. 汽油的抗爆性对发动机有什么意义？

小组学习燃油系统相关知识，完成下列题目

1. 认识燃油系统各组成部分，完成下表。

	名称：	位置：
	功用：	
	名称：	位置：
	功用：	
	名称：	位置：
	功用：	

（续）

	名称：	位置：
	功用：	
	名称：	位置：
	功用：	
	名称：	位置：
	功用：	
	名称：	位置：
	功用：	
	名称：	位置：
	功用：	
	名称：	位置：
	功用：	

2. 观察燃油系统图，填空并回答问题。

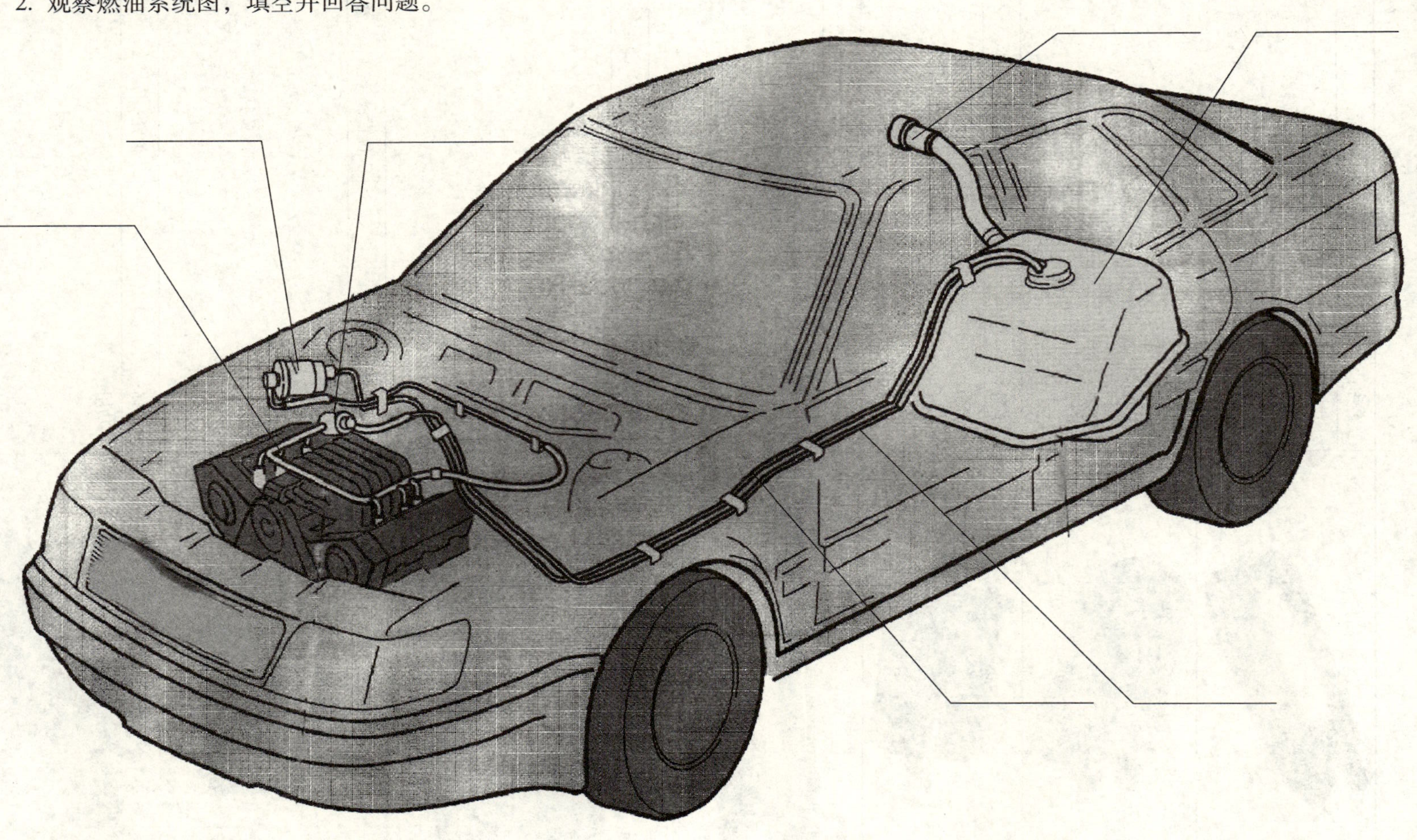

依据上图，写出燃油油路：

3. 学习电控燃油喷射系统的分类，看图填空。

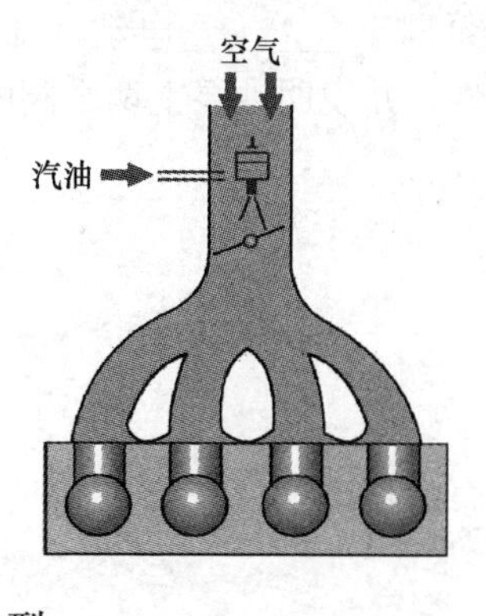

类型：____________________
特点：____________________

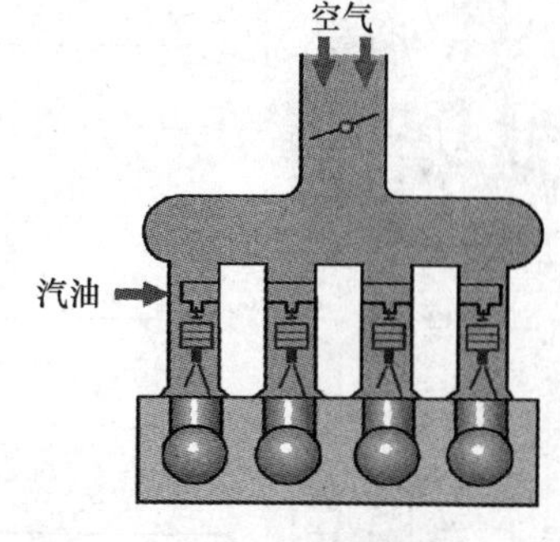

类型：____________________
特点：____________________

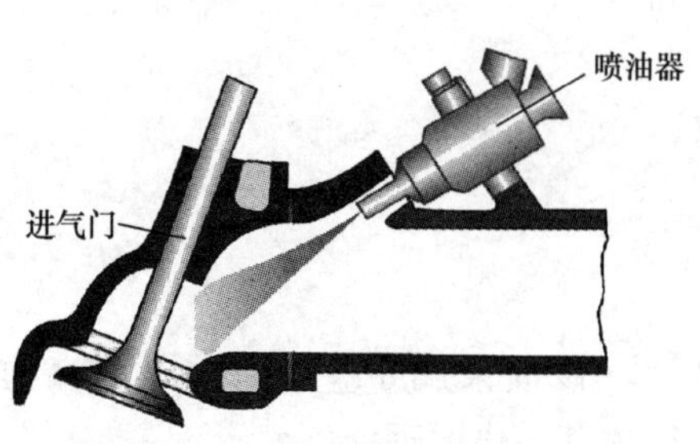

类型：____________________
特点：____________________

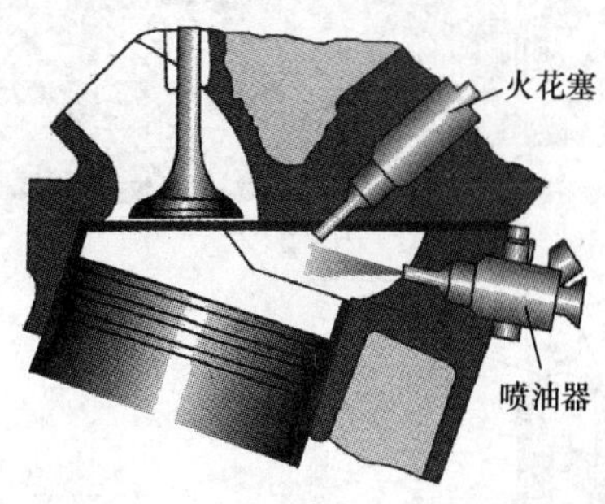

类型：____________________
特点：____________________

4. 目前电控发动机的燃油喷射系统多数采用________（单点/多点）________（进气道/缸内）喷射，且喷射方式为________（间歇/连续）喷射。

5. 现场观察你所在的小组发动机的燃油供给系统，说明其特点。

【活动二　认识检修油泵及其控制电路】

小组讨论学习电动汽油泵的相关知识，完成下列题目

1. 看图填空并回答问题。

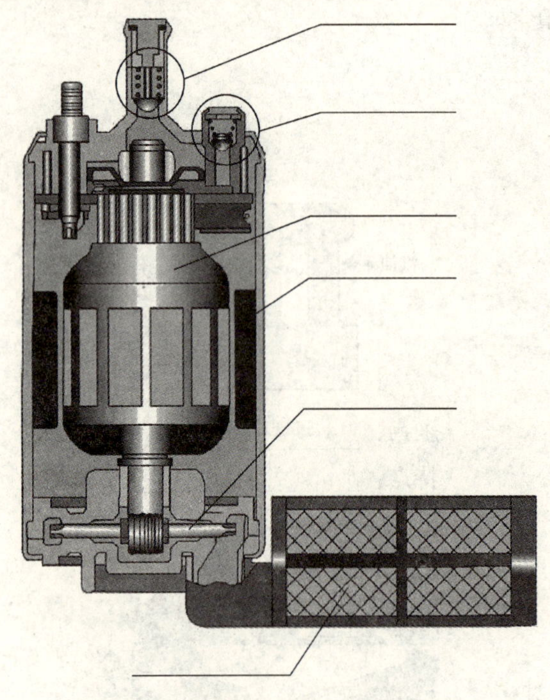

该油泵属于________电动汽油泵，简述其工作原理，并说明油泵上两个阀的作用。

该油泵的特点：

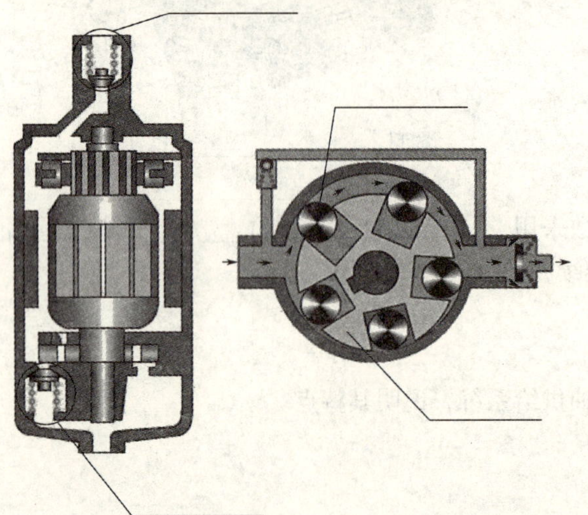

该油泵属于________电动汽油泵，简述其工作原理。

2. 电动燃油泵工作性能的好坏直接影响燃油喷射系统的工作状况和性能，EFI 系统对油泵的基本要求是什么？

3. 看图填空并讨论分析油泵的控制过程。

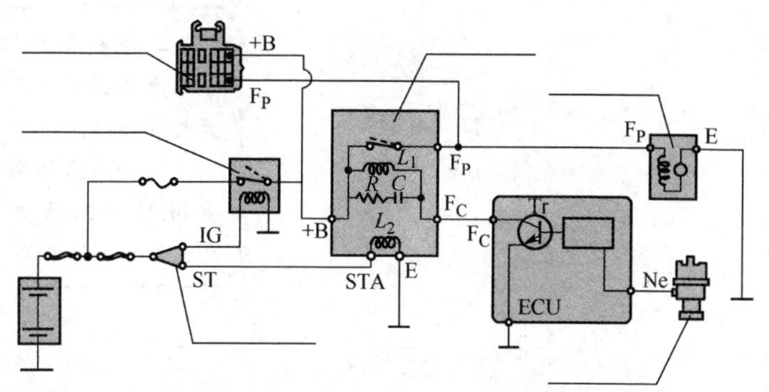

上图是用________控制的电动汽油泵控制电路。简述其控制过程：

注意事项

按不同状态分析油泵电路的工作情况。

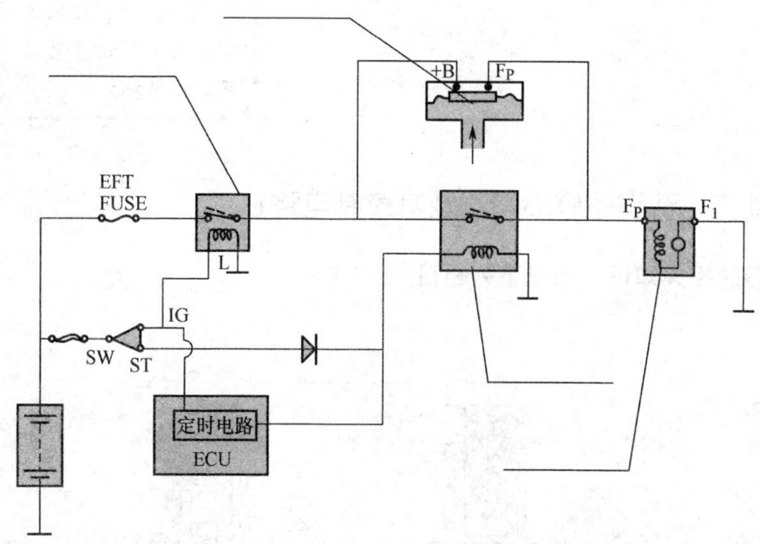

上图是用________控制的电动汽油泵控制电路。简述其控制过程：

注意事项

按不同状态分析油泵电路的工作情况。

小组认识检修油泵及其电路，完成下列题目

1. 现场研究油泵电路，说明电路走向。

2. 你所在的小组发动机的燃油泵总成线束接头有________个引脚，小组讨论检测判断引脚的方法并记录检测结果。

注意事项

1. 进行电动汽油泵工作状态的检查时，不能在空气中进行干试，必须浸在汽油中进行试验；

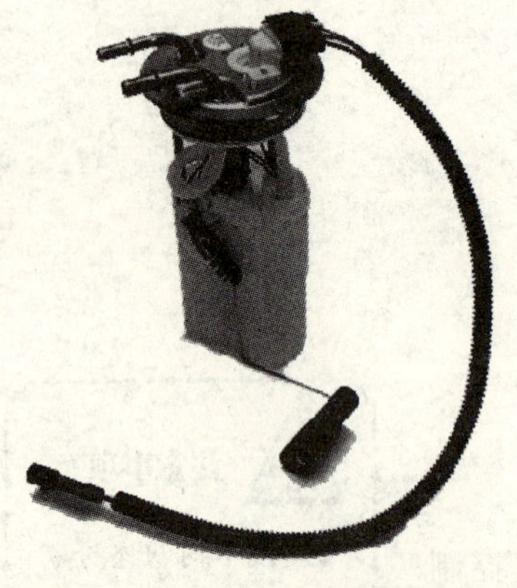

2. 电动汽油泵与蓄电池连接时不能将正负极接错；

3. 拆卸汽油泵时要用棉纱把汽油吸干，防止汽油泄漏。

3. 如何判断电动燃油泵是否正常？如果油泵失效应如何处理？

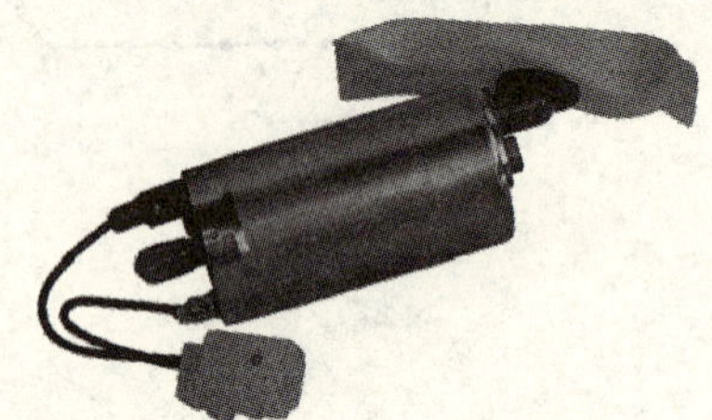

注意事项

注意防止燃油泄漏，有泄漏请及时处理，严禁烟火。

【活动三　认识检修喷油器及其控制电路】

小组讨论学习喷油器的相关知识，完成下列题目

1. 看图填空。

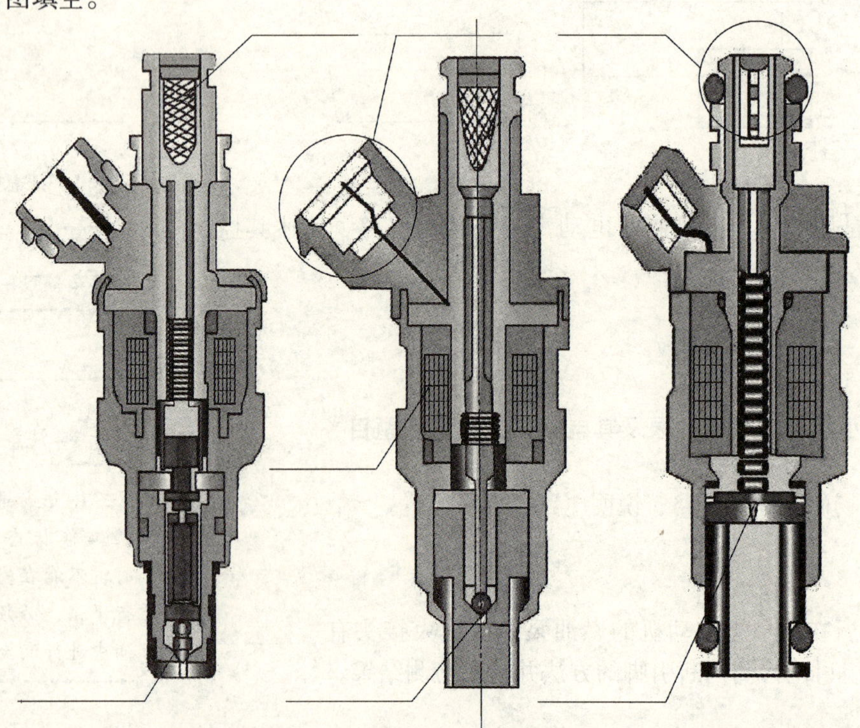

类型：__________　类型：__________　类型：__________
特点：__________　特点：__________　特点：__________

2. 喷油器按电磁线圈阻值可分为________和________；按驱动方式可分为________和________，低阻喷油器电磁线圈的匝数较少，电阻值约为________，它可以采用电压驱动或________。高阻喷油器电磁线圈的电阻值约为________，它只能采用电压驱动方式。

3. 小组讨论影响喷油器喷油量大小的主要因素并记录。

4. EFI 系统中 ECU 只通过控制喷油器的________来控制喷油量，为使控制简单精确，必须使燃油分配管压力与进气歧管压力的________保持不变，一般为________，这样喷油量的大小只跟通电时间有关。

5. 观察喷油器针阀的工作特性图，可知：针阀的开启时间________（大于/小于）电磁线圈的通电时间，且工作电压________（越高/越低），喷油器开启滞后越多。

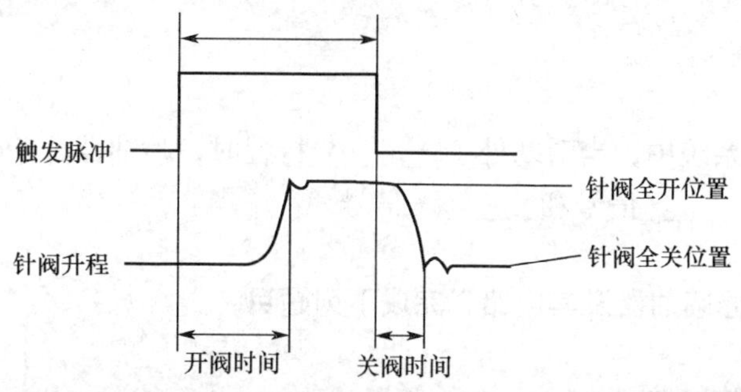

6. 小组学习多点喷射的相关知识，研究下列电路，填空并回答问题。

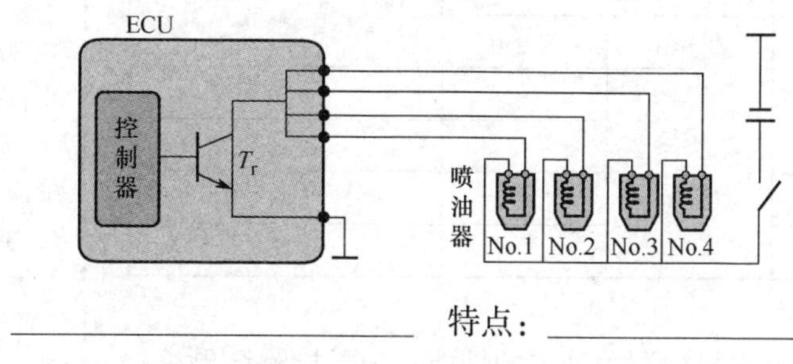

类型：__________　特点：__________

____

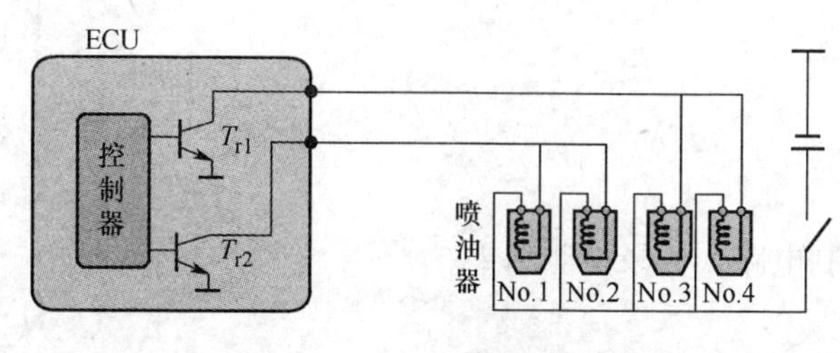

类型：__________　特点：__________

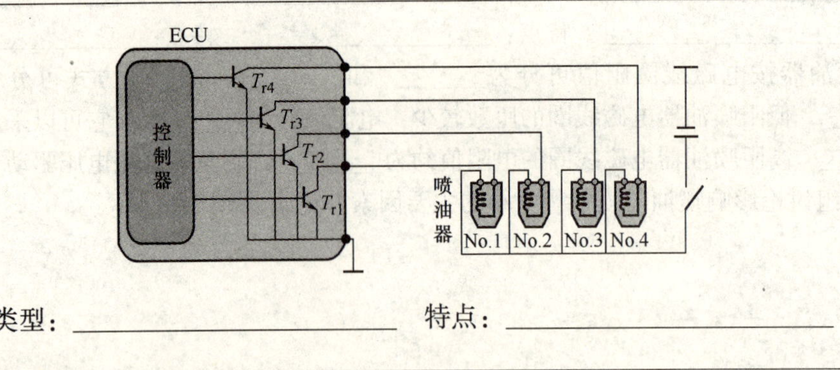

类型：________________ 特点：________________

以上各种类型中，哪种目前应用最多？为什么？

观察你所在的小组电控发动机的喷油器控制电路，说明其类型。

顺序喷射的 EFI 系统中，当活塞处于________行程时，喷油器开始喷油。要实现顺序喷射，ECU 必须知道________信号和________信号。

小组认识检修喷油器及其电路，完成下列题目

1. 检测喷油器线圈电阻。

项　目	阻值/Ω		结　论
	参考值	测量值	
1 号喷油器			
2 号喷油器			
3 号喷油器			
4 号喷油器			

2. 用喷油器检测清洗机检测喷油器的性能，记录检测结果。

3. 检查喷油器控制电路，记录检测结果。

注意事项

1. 汽油易燃易爆，请注意安全，严禁烟火，如有燃油溢出，必须及时处理；

2. 测量喷油器的喷油量时，注意蓄电池与喷油器之间应隔开；

3. 检测低阻型喷油器时，不能直接与 12V 电源连接；

4. 检查喷油器电路时，应用专用检查试灯串接在喷油器连接器两插头上，而不能用普通试灯。

4. 检查燃油压力调节器，记录检测方法及检测结果。

小组讨论学习喷油量控制的相关知识，完成下列题目

1. 喷油量控制实际是________的控制，发动机正常工作时，喷油时间如何确定？

2. 总结喷油量控制各阶段的参考因素，完成下表。

阶　段		参考信号	
		D 型	L 型
起动喷油控制			
起动后喷油控制	基本喷油时间		
	暖机加浓		
	进气温度修正		
	大负荷加浓		
	过渡工况		

3. 简述 EFI 系统断油控制的功能。

【活动四　认识检修电控点火系统】

小组讨论学习电控点火系统相关知识，完成下列题目

1. 结合以往的知识，查找资料，汇总点火系统的类型。

2. 看图填空并回答问题。

①

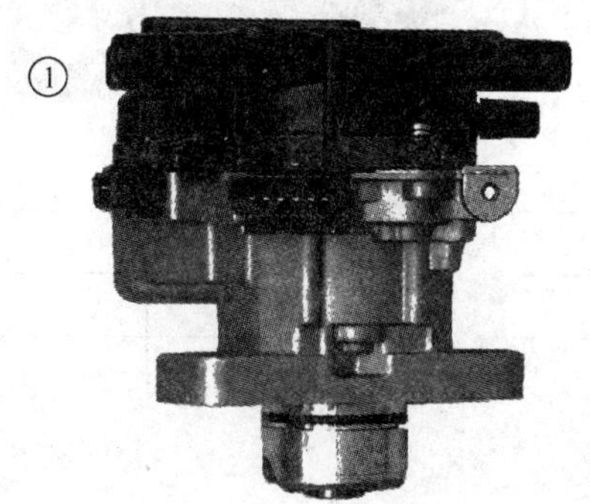

②

名称：__________ 类型：__________ 名称：__________ 类型：__________

功用：____________________ 功用：____________________

③ ④ 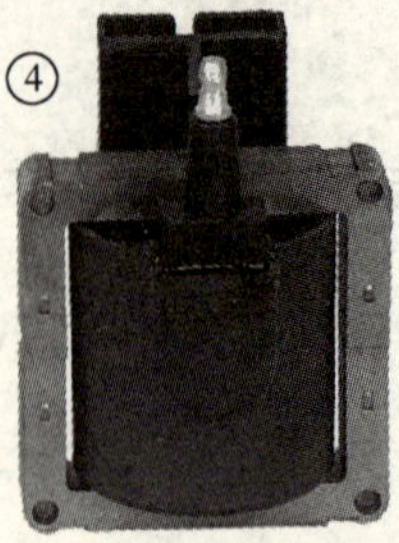 ⑤

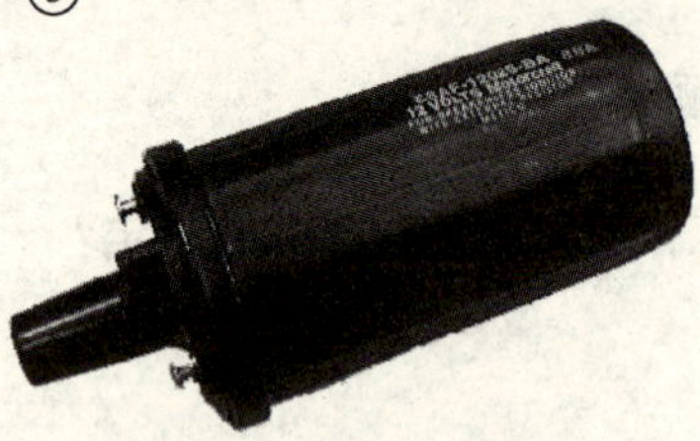

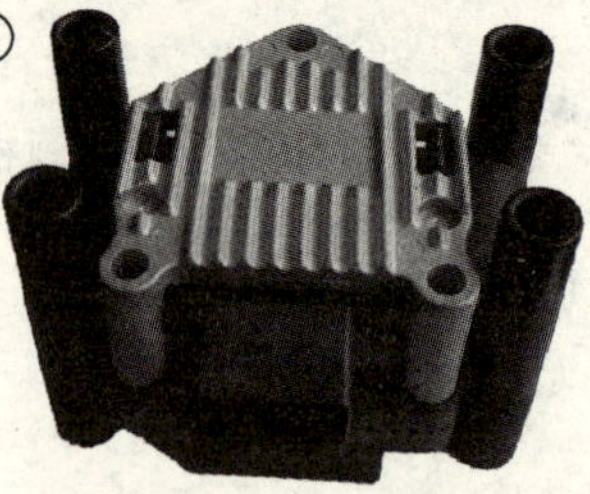

名称：__________ 名称：__________ 名称：__________

功用：__________ 功用：__________ 功用：__________

__________ __________ __________

⑥ ⑦ 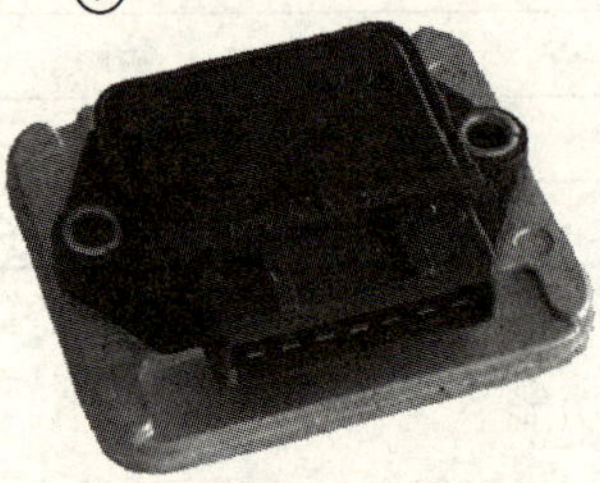 ⑧

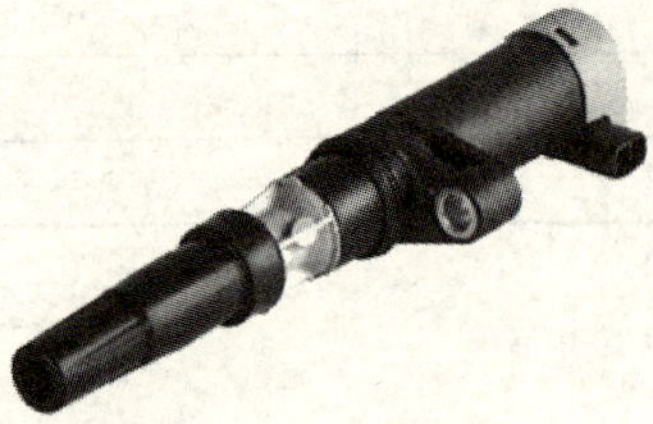

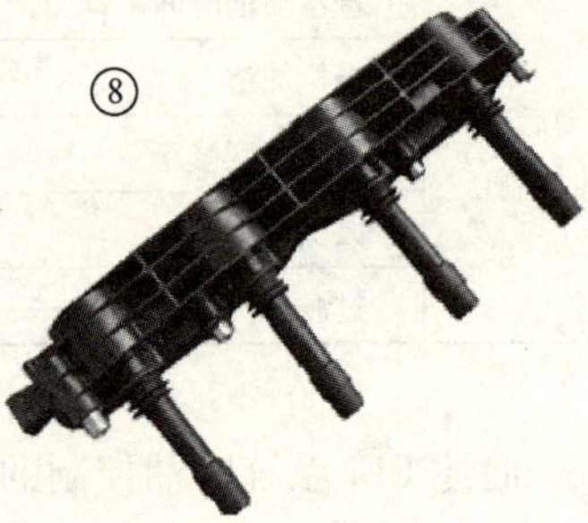

名称：__________ 名称：__________ 名称：__________

功用：__________ 功用：__________ 功用：__________

__________ __________

⑨ ⑩ 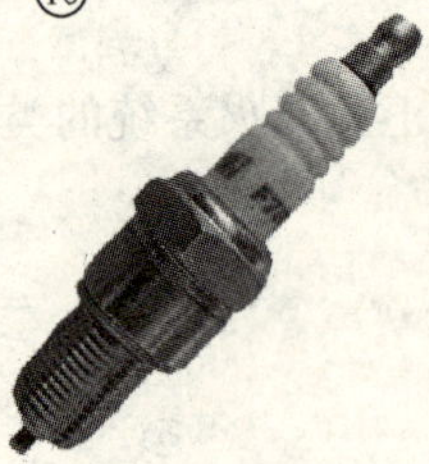 ⑪

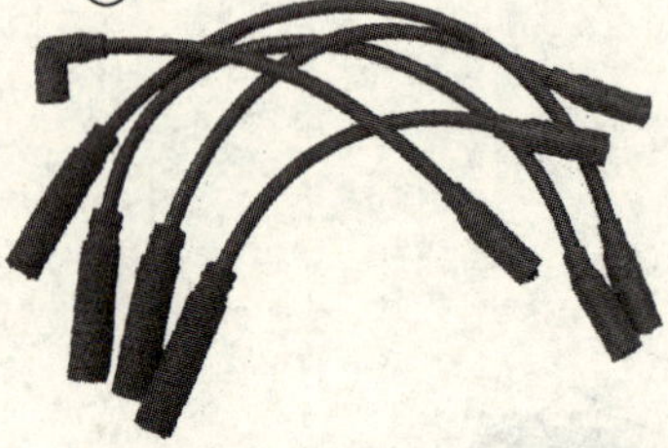

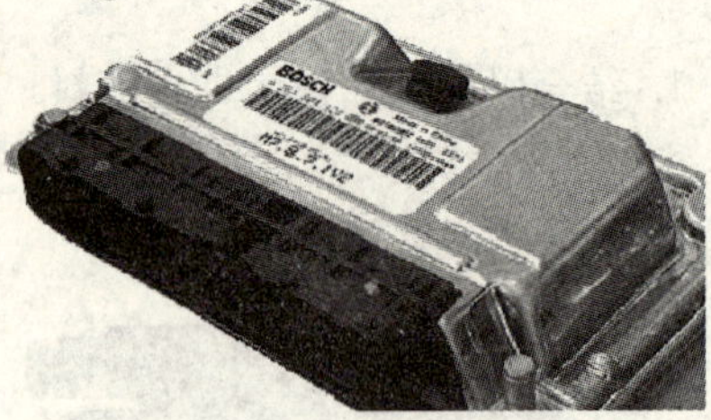

名称：__________ 名称：__________ 名称：__________

功用：__________ 功用：__________ 功用：__________

__________ __________ __________

⑫ 

⑬ 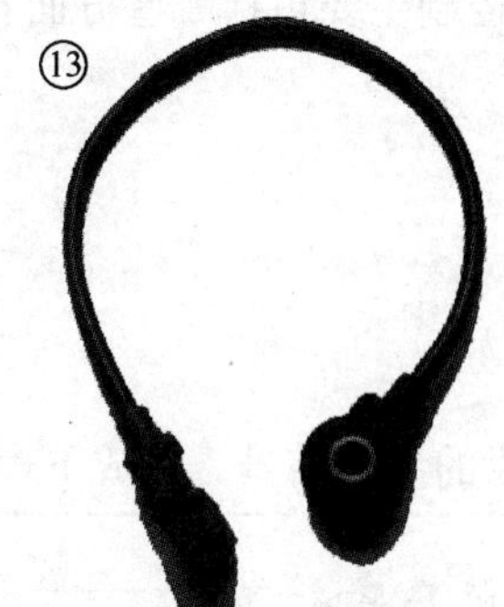

⑭ 

名称：________ 名称：________ 名称：________

功用：________ 功用：________ 功用：________

________ ________ ________

（1）找出有分电器电控点火系统的各零部件，画出系统组成。

注意事项

1. 在前面的零部件中选择需要的零部件，用代号表示出系统组成；

2. 要表达出各部件的关系。

解释该系统的工作原理(工作过程)：

（2）找出单独点火系统的各零部件，画出系统组成。

解释该系统的工作原理(工作过程)：

（3）以上两种点火系统的哪种在新车型中应用较多，它有什么优点？

3. 电控点火系统中 ECU 的控制主要包括哪些方面?

4. 总结电控点火系统各阶段的参考信号，完成下表。

阶　段	控制模式	参考信号	
		主要信号	辅助信号
起动			
起动后			

5. 简述点火系统爆燃控制的原理(过程)。

小组认识检修电控点火系统，完成下列题目

1. 观察你所在小组的发动机，其点火系统属于哪种类型? 画出基本组成框图。

2. 小组检测你所在小组的电控点火系统的主要电控组件，完成下表。

名　称	引脚定义	检测方法	检测结果

注意事项

1. 认真观察你所在小组的发动机电控点火系统各组成部件，找出各部件的具体位置；

2. 检测电控系统组件时不要损坏组件及其线路；

3. 在带电检测时，注意不要将插接件或线路接错；

4. 如需拆卸分电器，注意做记号或装配时查资料按要求装配；

5. 拆装转速及位置传感器时注意传感器与信号转子间的间隙。

小组讨论汇总发动机管理系统相关知识，完成下列题目

1. 观察研究发动机管理系统组成图，写出相关部件的名称。

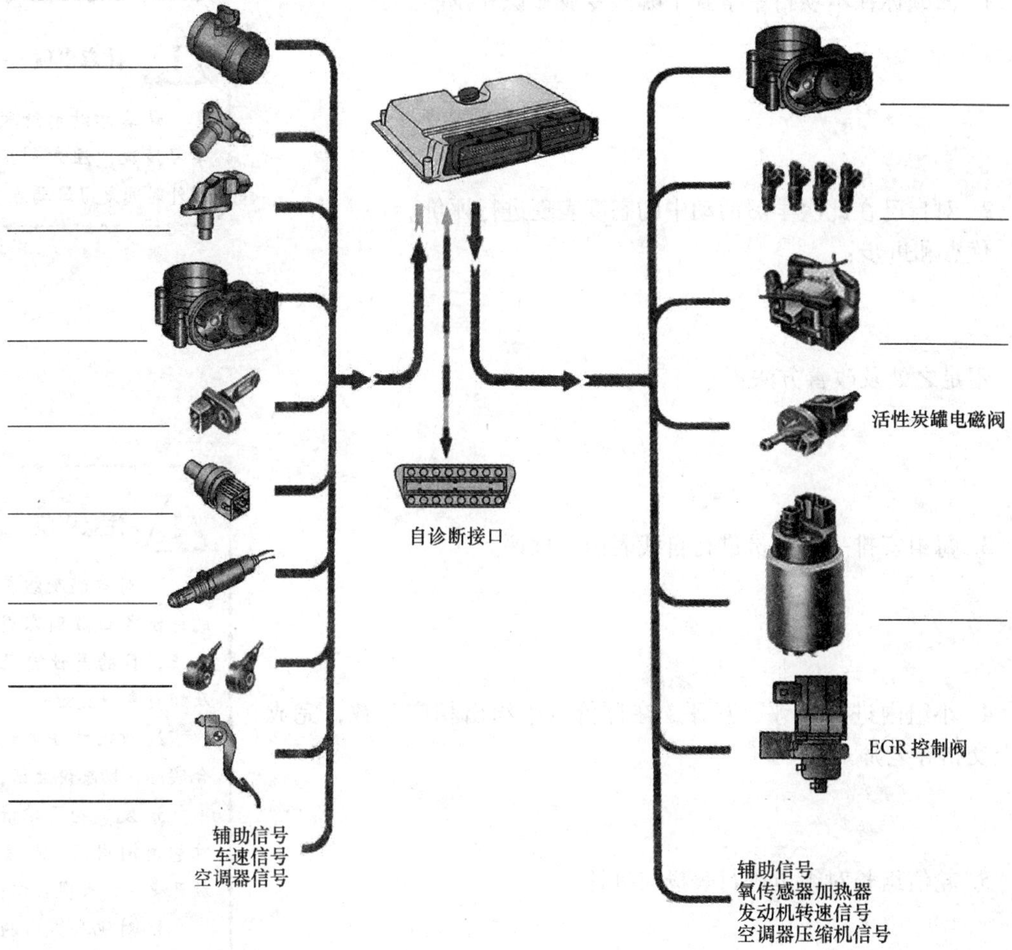

2. 上图中哪些组件失效后会导致发动机完全不能工作？

【活动五　学习总结与评价】

总结自己在此次学习活动中的表现

1. 回顾你在本项目中学到了哪些专业知识和技能。

注意事项

认真总结前阶段学习情况，注意利用课外时间复习薄弱点。

2. 对自己在此次学习活动中的态度表现进行评价。

优点和进步：

不足之处及改善方法：

注意事项

1. 对自己及组员的评价务必做到客观公正，目的是让自己及组员表现更好；

2. 改善方法要切合实际，切忌说大话；

3. 发言的同学请注意用词用意，尽量放开嗓音，表现自信；

4. 对他人提出的批评与意见要虚心接受，不要心存敌意。

3. 每组安排一名组员进行自我表扬与批评。

4. 小组内进行自评、互评，在评价表中给出相应分数，完成后上交指导老师。

5. 轮值组长对组员进行表扬与批评。

6. 记录组长及组员对你的评价及建议。

优点和进步：

不足之处及改善方法：

项目八　认识、检修冷却与润滑系统

能力目标

知识目标

1. 说明水冷系统各组成的结构及功用；
2. 说明冷却强度的调节方式；
3. 解释电子扇的工作、控制原理；
4. 说明节温器的结构与工作原理；
5. 说明冷却系的“大循环”与“小循环”；
6. 解释润滑系统的功能；
7. 说明润滑系统的各组成及其结构、功用；
8. 说明典型发动机润滑系油路；
9. 说明常见机油泵的结构特点；
10. 说明相关工具的使用方法及规范。

技能目标

1. 会摆放零部件及工具设备；
2. 会检查和修理水泵；
3. 会检修散热器和膨胀罐；
4. 会检修风扇及控制装置；
5. 会检测更换节温器；
6. 会测量机油压力；
7. 会检修机油泵；
8. 会检查润滑系油路各部分的堵塞；
9. 会运用参考资料及网络查询相关信息来帮助检测和修复。

态度目标

1. 能按时出勤；
2. 能尊重老师，团结同学；
3. 能服从老师、组长的安排；
4. 能主动改正错误，学习他人长处；
5. 能主动按要求进行着装；
6. 能主动遵守安全操作规范；

7. 能积极主动完成学习任务；
8. 能爱护工具及教学设备；
9. 能积极主动清洁工具、设备、车间。

教师准备

准备项目	准备内容	准备情况
资料准备	学生工作页、教材及相关教学视频	
工具准备	常用工具、电烙铁、游标卡尺、专用拉器、压器、机油压力表、塞尺、刀口尺、机油收集容器、冷却液收集容器、万用表、水加热器、温度计	
场地与设备准备	工作台6张、发动机机冷却系零件、润滑系散件、多媒体系统1套、椅子45张	
材料准备	冷却液、发动机机油、散热器清洗剂、金属洗涤剂、密封胶、棉纱、抹布、洗衣粉	

注：各准备项目准备完毕后在“准备情况”一栏注明已完成。

课时分配

活动	活动内容	课时	总课时
活动一	认识检修冷却系统	8	16
活动二	认识检修润滑系统	6	
活动三	学习总结与评价	2	

教学过程

活动	活动过程	教学方法	课时
活动一	认识检修冷却系统 1. 活动导入，说明本活动的目的及意义； 2. 分组拆卸冷却系统零部件，完成工作页； 3. 小组认识冷却系统各组成部分，了解冷却系统的工作原理及主要零部件的功用，完成工作页； 4. 学习水泵、节温器的相关知识，理解大循环、小循环，检修水泵和节温器，完成工作页；	教师参与 小组讨论 引导文法 学生操作 教师监督 教师辅导	8

（续）

活　动	活 动 过 程	教 学 方 法	课　时
活动一	5. 小组学习散热器、冷却液温度传感器、冷却风扇、膨胀罐等组件的相关知识，理解冷却强度的调节方式，检修相关零部件，完成工作页； 6. 装配冷却系统，加注冷却液，完成工作页； 7. 小组讨论分析冷却系统常见故障，研究排除方法，完成工作页； 8. 老师对各组学生表现进行总结点评，强调态度表现。	教师参与 小组讨论 引导文法 学生操作 教师监督 教师辅导	8
活动二	认识检修润滑系统 1. 活动导入，说明本活动的目的及意义，强调安全注意事项； 2. 分组拆卸润滑系统零部件，完成工作页； 3. 小组学习发动机机油的相关知识，完成工作页； 4. 小组学习润滑系统油路，说明循环路线； 5. 小组认识润滑系统各组成部分，了解润滑系统主要零部件的功用，完成工作页； 6. 分解并检修机油泵，理解机油泵的工作原理，完成工作页； 7. 分组检修润滑系统其他组成部件，装配润滑系统，加注机油，完成工作页； 8. 小组讨论分析润滑系统常见故障，研究排除方法，完成工作页； 9. 老师对各组学生表现进行总结点评，强调态度表现。	教师参与 小组讨论 引导文法 学生操作 教师监督 教师辅导	6
活动三	学习总结与评价 1. 让学生对本项目的学习进行总结及评价，完成工作页； 2. 分组进行自评、互评，要求客观公正，完成评价表格； 3. 组织各组进行组内表扬（自我表扬）与批评（自我批评）活动，包括知识、技能、态度三方面； 4. 老师对本项目的教学内容进行总结，对各组的总结评价进行补充和点评。	教师参与 课堂对话	2

学生准备

准 备 项 目	准 备 内 容	准 备 情 况
着装准备	穿工作服，禁止穿拖鞋、凉鞋	
文具准备	圆珠笔或钢笔、铅笔、草稿纸、笔记本、计算器	
资料准备	学生工作页、教材、相关维修手册	
工具准备	常用工具、电烙铁、游标卡尺、专用拉器、压器、机油压力表、塞尺、刀口尺、机油收集容器、冷却液收集容器、万用表、水加热器、温度计	

注：各准备项目准备完毕后在“准备情况”一栏注明已完成。

小组信息

组　名		人　数	
组长			
口号			
组员			

学生工作页

【学 习 导 入】

在进入本项目的学习之前，先联想下面的情景：在美国某城市街道正上演一场警匪追逐战，疑犯驾驶一辆老式美国“肌肉车”正在车流中穿梭，数辆福特警车紧随其后。“肌肉车”不时与街道上的汽车、栏杆、路牌等发生碰撞，但它依旧疾速行驶。不久它便开上了州际高速公路，疑犯想在高速公路上甩掉警车。眼看福特警车就快追不上了，毕竟那是辆超级跑车。但事情又发生了转折，“肌肉车”的速度慢了下来直至抛锚，数辆警车围拦上去，疑犯无奈就范。现在请你猜一猜：“肌肉车”为什么抛锚了？

技术人员对这辆美国“肌肉车”进行了分析，原来在前面的碰撞中，这辆车的散热器(水箱)被撞坏，导致冷却液流失，发动机温度过高导致“拉缸”，最终抛锚。

也许你会对此表示怀疑，这样就抛锚了？因为你看过很多飚车电影，那里面的车撞得稀烂还是逃脱了警察的追捕。或者在你玩“极品飞车”游戏时，你横冲直撞依然拿了第一。有疑惑吗？那么请认真学习本项目，相信在这里你会找到答案。

在本项目学习中，你将会遇到以下关键词：水冷、冷却液温度传感器、节温器、大循环、小循环、机油泵、机油压力传感器、机油滤清器，希望你能在团队合作中表现出色。

【活动一　认识检修冷却系统】

小组合作，拆卸冷却系统

1. 排放冷却液。
2. 拆卸散热器总成。
3. 找出并拆卸冷却液温度传感器。
4. 找出节温器、水泵在发动机上的具体位置，研究拆卸节温器、水泵总成的具体步骤。

5. 拆卸节温器、水泵总成。

注意事项

1. 拆卸应在冷却系冷态下进行；

2. 冷却液有毒，排放时注意用容器装好，不可随意倾倒；

3. 拆卸水泵前务必确定哪些零部件必须先拆，尽量少拆；

4. 注意操作规范。

6. 收拾工具，将拆下的零部件简单清理干净，按规范摆放。

小组讨论学习冷却系统知识，完成下列题目

1. 发动机冷却系统有什么作用？

2. 发动机温度过高或过低分别可能导致什么问题？

3. 发动机的冷却系统有______与______之分，你所在的小组所拆发动机属于________。

4. 水冷却系统是通过冷却液在发动机水套中______流动而吸收多余的热量，再将热量散发到________中从而达到冷却目的的一套装置。

5. 水冷发动机正常工作时冷却液的温度一般在________℃左右。

6. 为了适应冬季行车需要，在水中加入防冻剂制成冷却液，以防止循环冷却液冻结，故冷却液又称__________，此外，在水中加入防冻剂还能提高冷却液的沸点，防止发动机过早__________。

7. 轿车暖风系统中，一般用__________作为热源。因此在暖风系统中也有一个热交换器(小水箱)。

8. 小组讨论学习水冷却系统的组件，完成以下空格。

名称：________________	名称：________________	名称：________________
功用：________________	功用：________________	功用：________________

名称：________
功用：________

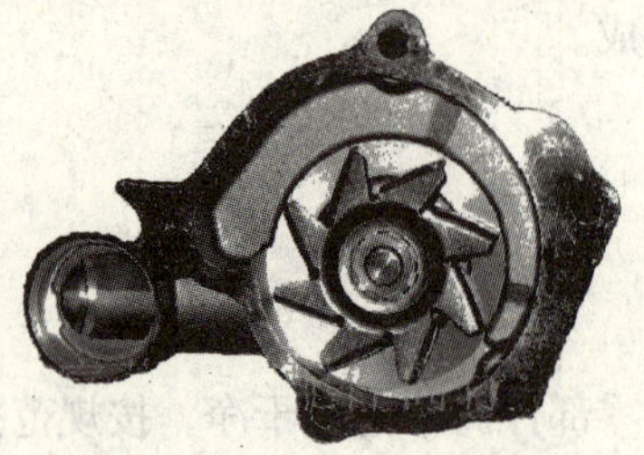

名称：________
功用：________

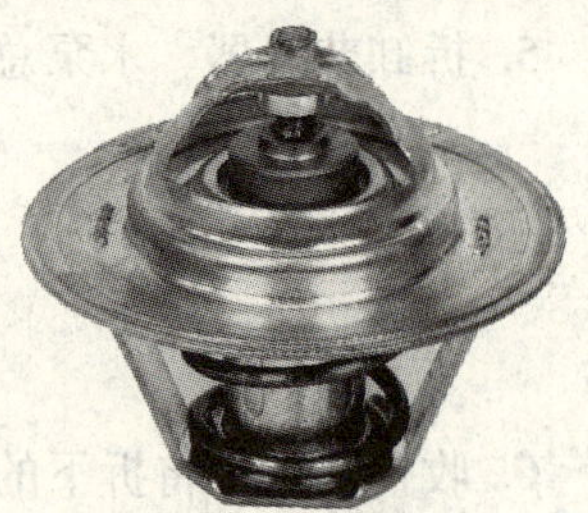

名称：________
功用：________

名称：________
功用：________

名称：________
功用：________

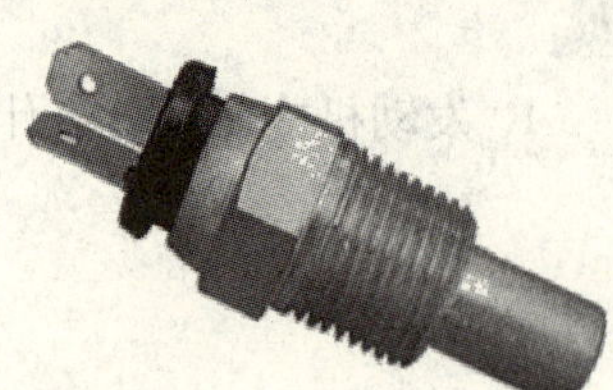

名称：________
功用：________

9. 观察下列系统图，完成相应空格。

10. 下图是桑塔纳发动机的冷却系统图，看图填空并回答问题。

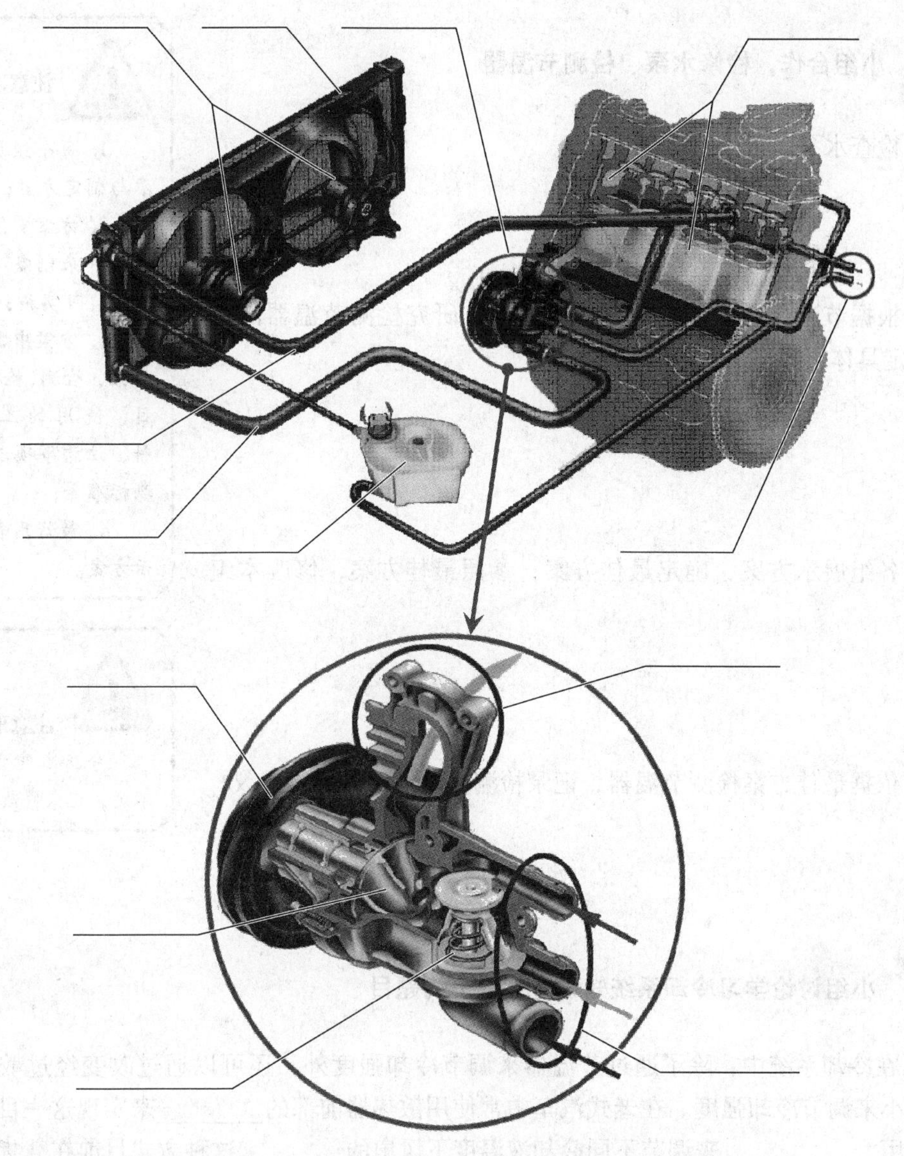

依据上图分别写出大循环、小循环冷却液的流通路径(不考虑暖风系统)。

11. 目前发动机冷却系中的水泵一般是________式，说明其工作原理。

12. 目前汽车发动机中一般采用________节温器，该节温器利用内部的______热胀冷缩来控制阀门的开启与关闭；其开始打开温度一般在______℃，全开温度一般在______℃，关闭温度一般在______℃。当节温器关闭时，冷却系处于________，当节温器半开时，冷却系处于________，当节温器全开时，冷却系处于________。

小组合作，检修水泵、检测节温器

注意事项

1. 每个组员都要参与制定方案；

2. 方案需依据现实条件来制定，尽量具体、可实施；

3. 方案中需包括步骤、检测(检查)项目、使用的工具材料、注意事项以及检测标准等；

4. 最好用表格展示方案。

1. 检查水泵，记录检查结果。

2. 根据节温器的工作特性，小组讨论，研究检测节温器的方法，制定具体方案。

3. 各组展示方案，确定最佳方案；参照最佳方案，修改本组方案。

注意事项

分析本组方案的不足，记录修改部分。

4. 依据最佳方案检测节温器，记录检测结果，给出维修建议。

小组讨论学习冷却系统知识，完成下列题目

1. 在冷却系统中，除了通过节温器来调节冷却强度外，还可以通过改变经过散热器的风量大小来调节冷却强度。在老式汽车中常使用散热器前部的________来实现这一目的；后来又使用____________来调节不同冷却液温度下风扇的______，这种方式目前在载货汽车上还经常使用；而在小型轿车上则多采用可调速的____________。

2. 冷却液温度传感器的感温体是一个______(正/负)温度系数的热敏电阻，当温度升高时，电阻________，当温度降低时，电阻________。

3. 画出电动风扇的典型控制电路，并解释控制原理(控制过程)。

4. 散热风扇通常装在散热器的________(前方/后方)，当风扇工作时，对空气产生________

(吸力/压力)，使空气沿轴线流动。

5. 在发动机高温时，冷却液膨胀，部分冷却液进入______，防止冷却系统压力过大。同时高温产生的水蒸气通过散热器盖的______阀进入膨胀罐冷凝。当发动机冷却时，冷却液收缩，冷却系统内产生______，膨胀罐内的冷却液流回发动机或散热器。

6. 小轿车发动机散热器盖蒸汽阀的开启压力通常在________，有些甚至达到________。这一压力值一般标注在________上；由右图可知，其开启压力为__________。

在发动机热态时，能否随便拧开散热器盖？为什么？

小组合作，检测冷却风扇及电路

1. 查资料，找出冷却液温度传感器各温度下的电阻值，检测你所在小组的冷却液温度传感器的相应电阻，将数据记入下表，并判断传感器好坏。

温　度				
标准电阻				
实测电阻				

注意事项

1. 根据实际情况可增加表格列数。

2. 热水伤人，注意安全。

2. 观察电动风扇及其电路，研讨检测风扇电动机的可用方法。

注意事项

电动风扇旋转时请注意安全。

各组展示研讨结果，找出最方便快捷的方法。

注意事项

1. 检查散热器时注意不要损伤散热片；

2. 检查零件时要细心。

检测结果：

3. 检查散热器、膨胀罐、水管，记录检查结果。

4. 列举散热器可能出现的问题及其维修(维护)方法。

5. 装配冷却系统，记录装配情况。

注意事项

需密封的地方注意使用密封垫或密封胶。

6. 加注冷却液至规定液位，记录加注方法。

注意事项

1. 加注冷却液时尽量不要让冷却液洒出；

2. 认真检漏，确保检修、装配的质量。

7. 检查冷却系统是否漏水，对漏水处进行处理。

8. 收拾工具，清理设备及地面油水、垃圾。

结合你所在小组的发动机，回顾冷却系统知识，完成下列题目

1. 现场观察你所在小组的发动机的冷却系统，说明大循环时冷却液的流通路径。

注意事项

最好用表格进行汇总。

2. 根据冷却系统的工作原理及结构，分析冷却系可能出现的故障及导致的后果，研究出相应的排除方法。

注意事项

1. 收尾工作每个成员必须参与，严禁坐享其成；

2. 地面的油水必须清理干净；

3. 老师未宣布下课，严禁退场。

收拾工具，清洁场地

1. 各小组清洁各自工位。
2. 值日生打扫场地卫生。
3. 离开实训室(课室)时确认关电、关窗、锁门。

【活动二　认识检修润滑系统】

小组合作，拆卸润滑系统

1. 拧开放油螺塞，排放发动机机油。
2. 拆卸机油滤清器。
3. 找出并拆卸机油压力传感器。
4. 拆卸油底壳。
5. 拆卸机油泵总成。
6. 收拾工具，将拆下的零部件简单清理干净，按规范摆放。

注意事项

1. 拆卸应在发动机冷态下进行；
2. 排出的机油应用容器装好，不可随意倾倒；
3. 拆卸机油泵前务必确定哪些零部件必须先拆，尽量少拆；
4. 注意操作规范。

小组讨论学习润滑系统相关知识，完成下列题目

1. 机油在发动机内起到哪些作用？

注意事项

机油知识在你将来的工作中将经常用到，请认真学习。

2. 汽油机与柴油机使用的机油一般________（相同/不同），在购买或选用时应如何区分？

3. 下图是发动机机油包装上的标识，解释其中提供的信息。

4. 查找资料，为你所在地区的出租车推荐一款机油，注明基本参数，说明推荐理由。

5. 学习润滑系统组成，看图填空并回答问题。

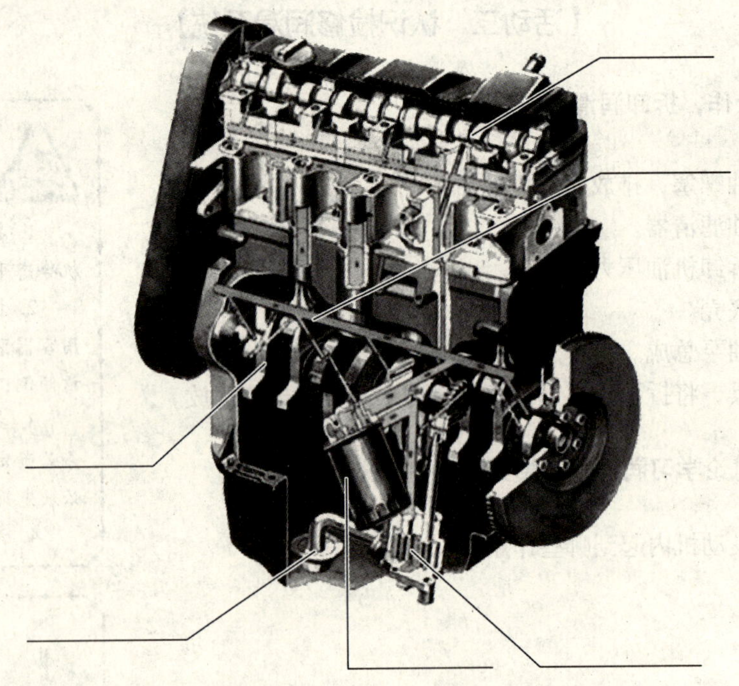

结合上图，回顾以往知识，列举出设计有机油油道或油孔的零件。

6. 发动机内部润滑方式一般包括压力润滑和飞溅润滑。重要润滑部位一般采用__________，例如________轴颈、凸轮轴轴颈，这些部位都与________相通；而油道不容易到达的部位则一般采用___________，例如：凸轮与________之间、活塞与__________之间等。

7. 下图是桑塔纳 AFE 发动机油路示意图，看图填空并回答问题。

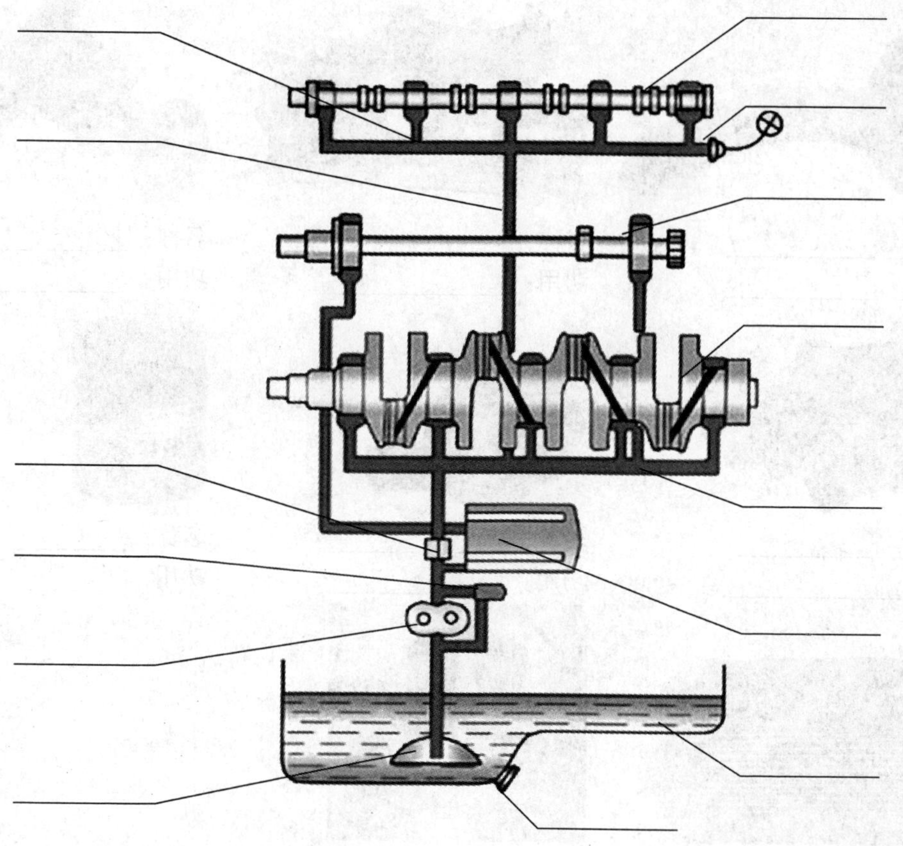

根据上图，说明润滑系统的循环路线。

在有些车型的发动机上，经常装有两个机油压力开关，分别有什么作用？

限压阀(安全阀)、旁通阀分别有什么作用？

8. 认识润滑系统零部件，看图填空并回答问题。

名称：________
功用：________

名称：________
功用：________

名称：________
功用：________

名称：________
功用：________

名称：________
功用：________

名称：________
功用：________

名称：________
功用：________

名称：________
功用：________

以上零部件中哪些没有出现在你所在的小组所拆的发动机上?

机油温度过高、杂质多对发动机分别有什么影响?

小组合作，拆解并检修机油泵，装配润滑系统

1. 拆解机油泵。

2. 清洗机油泵，清除油垢并风干。

3. 你所在的小组所拆的机油泵属于________式，小组研讨其工作原理(工作过程)。

4. 小组研讨检测该机油泵的具体方案，完成检测并记录。

注意事项

1. 拆卸应在发动机冷态下进行;

2. 排出的机油应用容器装好，不可随意倾倒;

3. 拆卸机油泵前务必确定哪些零部件必须先拆，尽量少拆;

4. 注意操作规范。

5. 根据检测结果给出维修建议。

注意事项

不同结构机油泵的检测项目和方法有差别。

6. 修复并装配机油泵，记录相关情况。

注意事项

1. 检修前后注意清洁零件；

2. 注意各个零部件的装配规范。

7. 检修润滑系统其他零部件，记录相关情况。

8. 装配润滑系统。

9. 加注机油至合适油位。

10. 检查润滑系统是否漏油，对漏油处进行处理。

11. 收拾工具、清理设备及地面油水、垃圾。

注意事项

如原机油质量尚好，可重新加注回发动机，但应注意过滤杂质。

结合你所在的小组的发动机，回顾润滑系统知识，完成下列题目

1. 根据润滑系统的工作原理及结构，分析润滑系统可能出现的故障及导致的后果。

注意事项

1. 分析故障原因需结合系统工作原理，不可随意下结论；

2. 每个组员务必认真思考，积极参与讨论。

2. 小组讨论“学习导入”中疑犯的美国“肌肉车”在那种情况下是否会抛锚？

注意事项

1. 收尾工作每个成员必须参与，严禁坐享其成；

2. 地面的油水必须清理干净；

3. 老师未宣布下课，严禁退场。

收拾工具，清洁场地

1. 各小组清洁各自工位。

2. 值日生打扫场地卫生。

3. 离开实训室(课室)时确认关电、关窗、锁门。

【活动三　学习总结与评价】

总结自己在此次学习活动中的表现

1. 回顾你在本项目中学到了哪些专业知识和技能。

2. 对自己在此次学习活动中的态度表现进行评价。
优点和进步：

不足之处及改善方法：

3. 每组安排一名组员进行自我表扬与批评。

4. 小组内进行自评、互评，在评价表中给出相应分数，完成后上交指导老师。

5. 轮值组长对组员进行表扬与批评。

6. 记录组长及组员对你的评价及建议。
优点和进步：

不足之处及改善方法：

注意事项

认真总结前阶段学习情况，注意利用课外时间复习薄弱点。

注意事项

1. 对自己及组员的评价务必做到客观公正，目的是让自己及组员表现更好；

2. 改善方法要切合实际，切忌说大话；

3. 发言的同学请注意用词用意，尽量放开嗓音，表现自信；

4. 对他人提出的批评与意见要虚心接受，不要心存敌意。

项目九　认识、检修发动机辅助系统

能力目标

知识目标

1. 列举发动机常见的进气辅助系统；
2. 解释谐波增压系统的工作原理；
3. 说明常见可变进气歧管的类型并解释其工作原理；
4. 说明常见可变配气系统的类型并解释其工作原理；
5. 说明常见进气增压系统的类型并解释其工作原理；
6. 说明发动机典型排放控制系统的类型；
7. 解释曲轴箱强制通风、汽油蒸气排放控制系统的工作原理；
8. 解释典型 EGR 系统的工作原理；
9. 解释典型废气排放控制系统的工作原理；
10. 说明发动机故障自诊断系统的功能与工作原理；
11. 说明 OBD-Ⅱ系统的功能特点；
12. 解释故障码的读取、清除方法。

技能目标

1. 会检修可变进气歧管的控制装置；
2. 会检测可变配气系统的控制装置；
3. 会拆装并检修涡轮增压器；
4. 会检修曲轴箱通风系统；
5. 会检修汽油蒸气排放控制系统；
6. 会检修 EGR 控制系统；
7. 会判断并更换三元催化转化器；
8. 会读取发动机故障信息、清除发动机故障码。

态度目标

1. 能按时出勤；
2. 能尊重老师，团结同学；
3. 能服从老师、组长的安排；
4. 能主动改正错误，学习他人长处；
5. 能主动按要求进行着装；

6. 能主动遵守安全操作规范；
7. 能积极主动完成学习任务；
8. 能爱护工具及教学设备；
9. 能积极主动清洁工具、设备、车间。

教师准备

准备项目	准备内容	准备情况
资料准备	学生工作页、教材及相关教学视频	
工具准备	发动机拆装常用工具、电烙铁、万用表	
场地与设备准备	工作台6张、发动机可变进气歧管、涡轮增压器、EGR阀、三元催化转化器、活性炭罐及炭罐电磁阀若干、多媒体系统1套、椅子45张	
材料准备	化油器清洗剂、金属洗涤剂、密封胶、棉纱、抹布、洗衣粉、汽车电路用导线若干	

注：各准备项目准备完毕后在“准备情况”一栏注明已完成。

课时分配

活　动	活动内容	课　时	总课时
活动一	认识检修进气辅助系统	4	12
活动二	认识检修排放控制系统	4	
活动三	认识发动机自诊断系统	2	
活动四	学习总结与评价	2	

教学过程

活　动	活动过程	教学方法	课　时
活动一	认识检修进气辅助系统 1. 活动导入，说明本活动的目的及意义； 2. 小组学习谐波增压系统相关知识，理解谐波增压系统的工作原理，了解结构组成，完成工作页； 3. 小组学习可变长度进气歧管相关知识，理解可变长度进气歧管的工作原理，了解结构组成，完成工作页； 4. 小组讨论可变气门系统的常见类型及其基本工作原理，完成工作页；	小组讨论 学生自学 教师辅导	4

（续）

活　动	活动过程	教学方法	课　时
活动一	5. 小组学习本田 VTEC 技术的相关知识，理解 VTEC 技术的工作原理，了解结构组成，完成工作页； 6. 小组学习丰田 VVT 技术的相关知识，理解 VVT 技术的工作原理，了解结构组成，完成工作页； 7. 小组学习发动机增压技术的相关知识，理解涡轮增压与机械增压的工作原理，了解其结构组成，完成工作页； 8. 老师对各组学生表现进行总结点评，强调态度表现。	小组讨论 学生自学 教师辅导	4
活动二	认识检修排放控制系统 1. 活动导入，说明本活动的目的及意义，强调安全注意事项； 2. 小组讨论学习汽车排放相关知识，了解减少排放的常见技术，完成工作页； 3. 小组学习发动机曲轴箱通风的相关知识，理解曲轴箱通风装置的工作原理，了解结构组成，完成工作页； 4. 小组学习排气系统的相关知识，了解排气系统的结构组成，理解三元催化转化器、消声器的工作原理，完成工作页； 5. 小组学习废气再循环系统的相关知识，理解废气再循环系统的工作原理，了解其结构组成，完成工作页； 6. 小组学习燃油蒸发控制系统的相关知识，了解其结构组成，完成工作页； 7. 老师对各组学生表现进行总结点评，强调态度表现。	小组讨论 学生自学 教师辅导	4
活动三	认识发动机自诊断系统 1. 活动导入，说明本活动的目的及意义，强调安全注意事项； 2. 分组读取发动机故障码，学习读故障码的具体步骤和方法，并分析故障码信息，完成工作页； 3. 小组讨论总结发动机自诊断系统相关知识，理解发动机自诊断系统的工作原理及作用，完成工作页； 4. 分组学习使用发动机诊断仪，用诊断仪对发动机进行诊断并分析数据流，理解数据流对维修的意义； 5. 老师对各组学生表现进行总结点评，强调态度表现。	小组讨论 学生自学 教师辅导	2
活动四	学习总结与评价 1. 让学生对本项目的学习进行总结及评价，完成工作页； 2. 分组进行自评、互评，要求客观公正，完成评价表格； 3. 组织各组进行组内表扬（自我表扬）与批评（自我批评）活动，包括知识、技能、态度三方面； 4. 老师对本项目的教学内容进行总结，对各组的总结评价进行补充和点评。	教师参与 课堂对话	2

学生准备

准备项目	准备内容	准备情况
着装准备	穿工作服，禁止穿拖鞋、凉鞋	
文具准备	圆珠笔或钢笔、铅笔、草稿纸、笔记本、计算器	
资料准备	学生工作页、教材、相关维修手册	
工具准备	发动机拆装常用工具、电烙铁、万用表	

注：各准备项目准备完毕后在“准备情况”一栏注明已完成。

小组信息

组名		人数	
组长			
口号			
组员			

学生工作页

【学习导入】

汽油越来越贵，排放法规越来越严，同时车主对汽车动力性的要求也越来越高。这意味着现在的汽车必须省油、环保且动力强劲。到现在为止，你已经学完了发动机的大部分知识，请思考一下，传统汽车(以汽油为动力的汽车)如何满足这些要求？在思考这个问题前，你可以先查查现在常见车型的油耗、排放以及动力输出参数以进行比较，尝试找出这些参数后面的技术。

在本项目中，你将接触以下关键词：可变进气歧管、可变配气系统、涡轮增压、曲轴箱通风、活性炭罐、三元催化转化器、自诊断系统，同时也将进行电磁阀检测、读取故障信息等典型工作。

【活动一　认识检修进气辅助系统】

小组讨论学习进气辅助系统知识，完成下列题目

1. 发动机常见进气辅助系统有哪些？

2. 谐波增压系统(简称ACIS)是利用进气流惯性产生的__________来提高________。该系统在发动机进气管中部安装了一个________和相应的控制装置来改变压力波的传播距离。当发动机在中低转速时，压力波传播距离______(长/短)，当发动机在高转速时，压力波传播距离______(长/短)，有利于提高进气量。

3. 在右图中找出谐振室。

4. 当发动机转速较低时，____(长/短)进气管有利于提高进气量，为什么?

当发动机转速较高时，____(长/短)进气管有利于提高进气量，为什么?

5. 为满足发动机不同转速对进气管长度的不同需求，现代汽车发动机很多采用了________________技术，请简述这一技术的常见类型。

6. 看图填空，理解可变长度进气歧管。

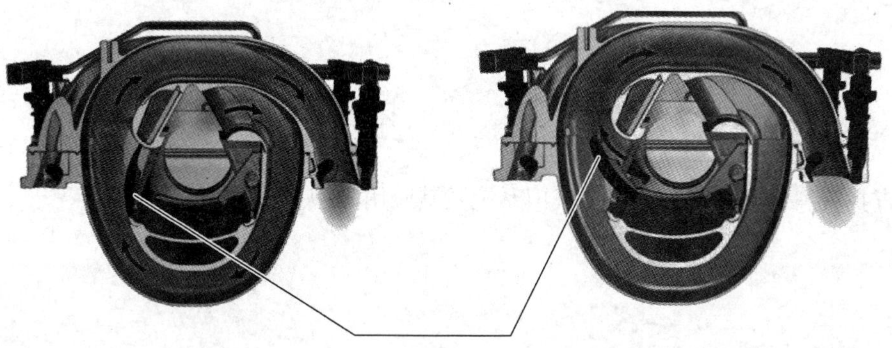

适用于：________转速　　　　适用于：________转速

思考：上面这种可变长度进气歧管还存在什么缺点?

7. 查找资料，看图填空并回答问题。

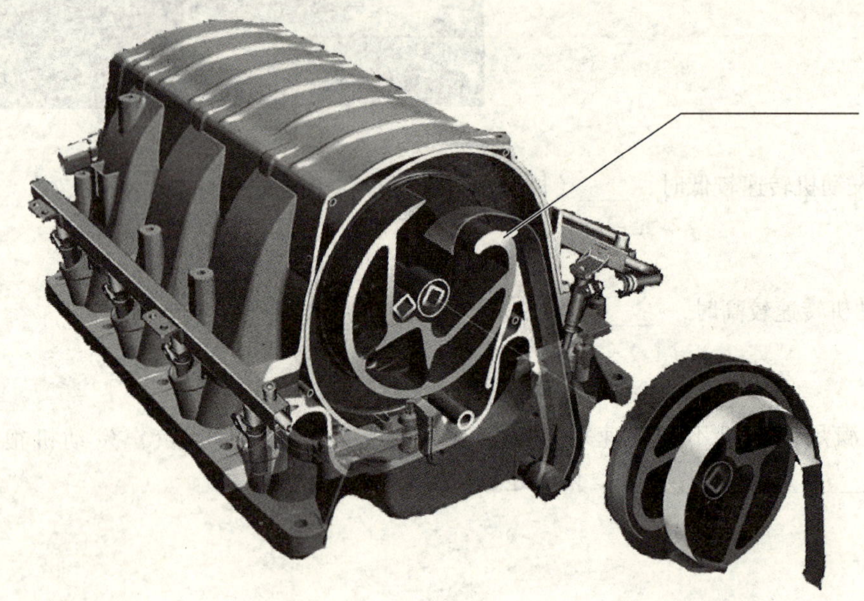

上图展示的是________技术，该技术有什么特点?

8. 查找资料，列举典型的可变气门系统及其应用车型。

9. 当发动机转速较低时，进气提前角____（大/小）、气门升程____（长/短），有利于提高进气量，为什么？

当发动机转速较高时，进气提前角____（大/小）、气门升程____（长/短），有利于提高进气量，为什么？

10. 查找资料，小组讨论，如何让气门正时可变？如何改变气门升程？

11. 小组学习本田VTEC技术的相关知识，看图填空并回答问题。

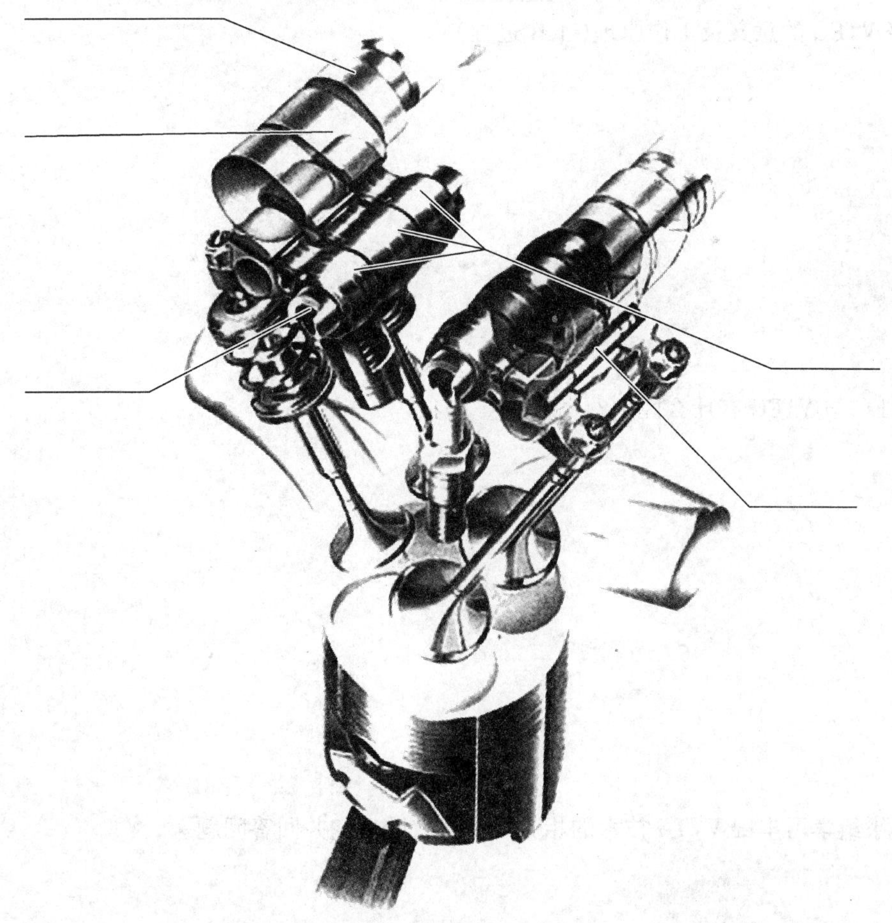

解释 VTEC 的意义及工作原理(工作过程)：

i-VTEC 与 VTEC 有什么区别?

12. 小组学习丰田 VVT-i 技术的相关知识，看图填空并回答问题。

名称：________

解释 VVT-i 的意义及工作原理(工作过程)：

查找资料，找出 VVTL-i 与 VVT-i 的区别。

13. 小组学习发动机增压技术的相关知识，看图填空并回答问题。

（1）下图属于__________增压系统，简述其工作原理并写出下图各部位的名称。

工作原理：

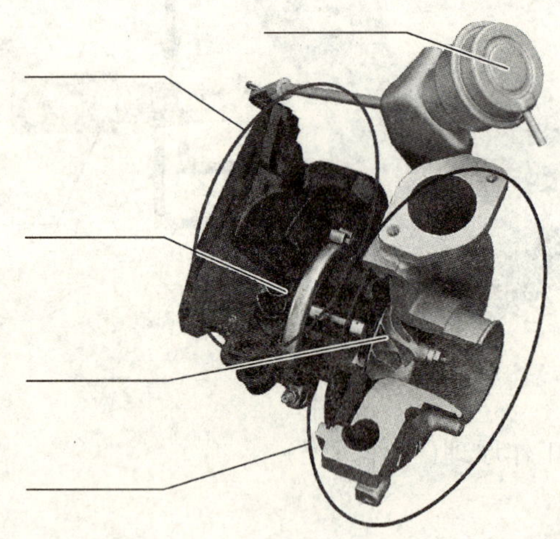

（2）下图中的汽车采用的是______增压系统，简述其工作原理并写出各部位的名称。

工作原理：

（3）以上两种增压系统各有哪些优缺点？

注意事项

值日组每个组员必须参与，严禁坐享其成。

收拾工具，清洁场地

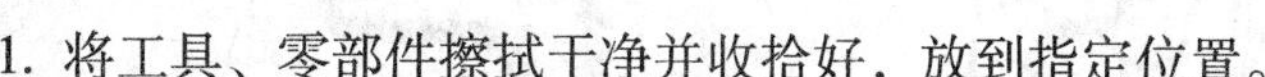

1. 将工具、零部件擦拭干净并收拾好，放到指定位置。
2. 各小组清洁各自工位，包括设备、工作台，值日组清扫场地。
3. 离开实训室(课室)时确认关电、关窗、锁门。

【活动二　认识检修排放控制系统】

小组讨论学习汽车排放相关知识，完成下列题目

1. 查找资料，小组讨论，汽车在使用中排放的污染物主要有哪些，分别对环境或人体有哪些伤害？分析各污染物的主要成因。

2. 针对以上污染物，现代汽车采用了哪些技术或装置来减少它们的排放？

注意事项

1. 最好用表格进行汇总；

2. 每个组员都要认真思考，积极讨论。

小组讨论学习曲轴箱通风相关知识，完成下列题目

1. 小组讨论，气缸内的气体会不会进入曲轴箱？如果缸内气体进入曲轴箱对发动机或环境有什么影响？

注意事项

1. 注意思考气缸内的气体主要是什么成分；

2. 每个组员都要认真思考，积极讨论。

2. 观察曲轴箱强制通风系统图，看图填空并回答问题。

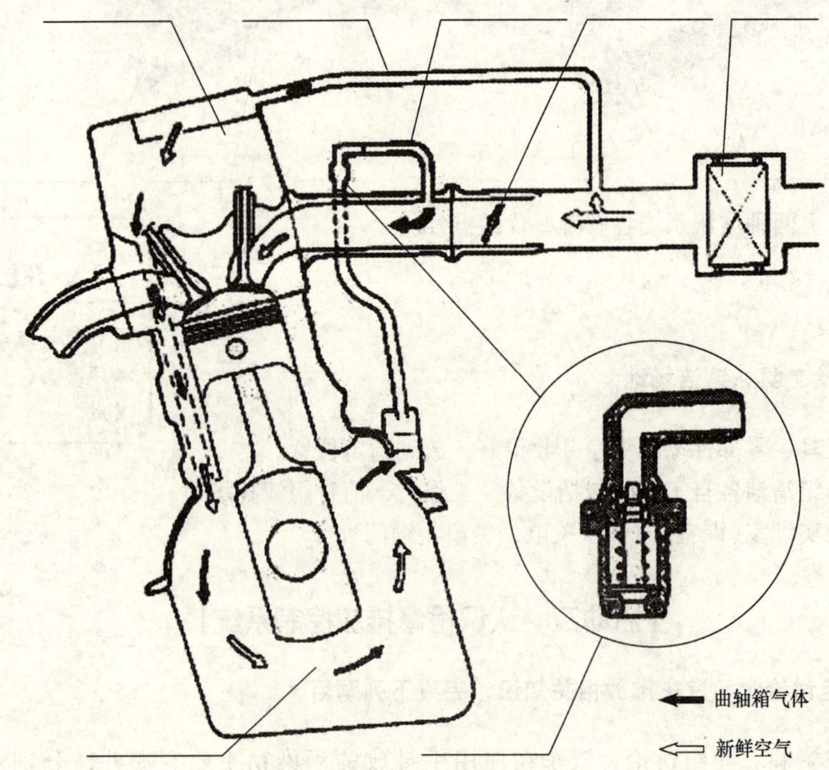

曲轴箱强制通风的英文简称是________，简述其工作原理与功用。

曲轴箱强制通风装置的常见故障有哪些，应如何处理？

小组讨论学习排气系统相关知识，完成下列题目

1. 观察发动机排气系统图，看图填空。

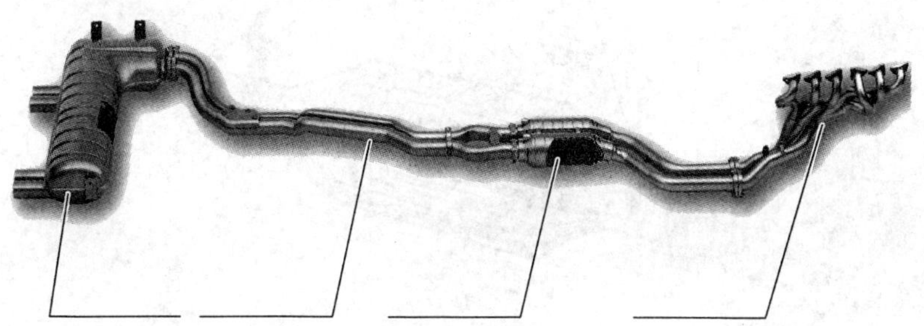

2. 学习三元催化转化器相关知识，看图填空并回答问题。

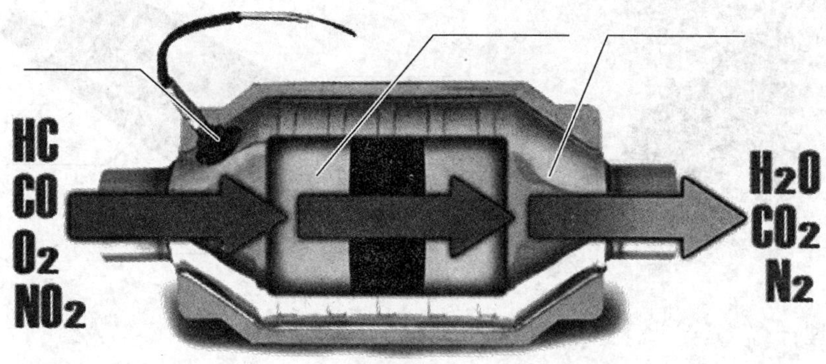

由上图可知三元催化转化器有什么功用？

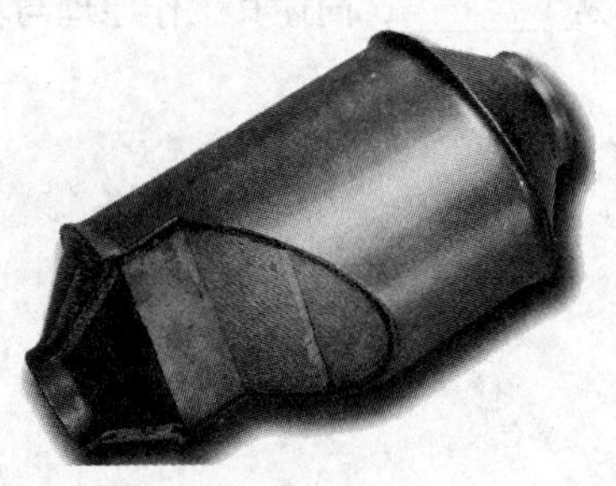

三元催化转化器失效后可能导致什么问题？

观察理解下图，思考：三元催化转化器前后两个氧传感器分别有什么作用？

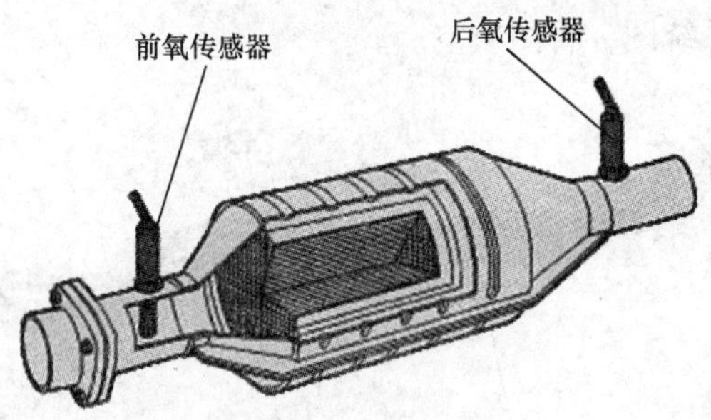

看图填空并说明消声器的工作原理。

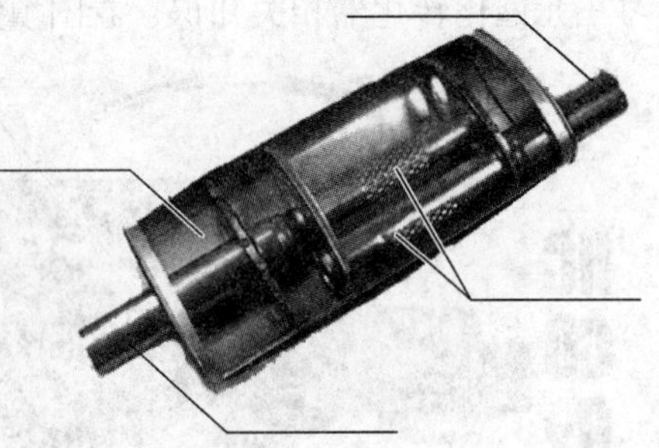

工作原理：

小组讨论学习废气再循环系统知识，完成下列题目

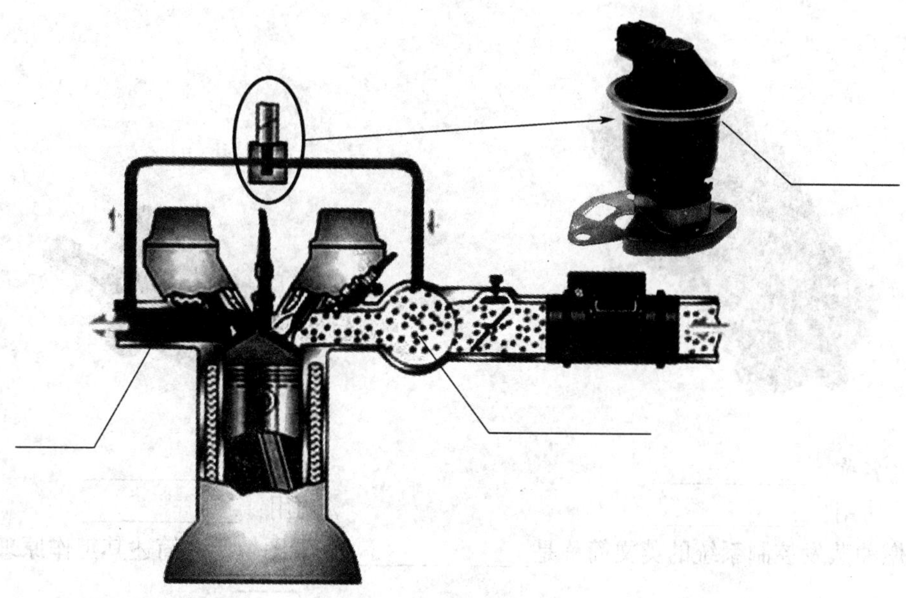

1. 看图填空并回答问题。

废气再循环的英文简称是________，请简述其基本工作原理和作用。

2. 观察理解下图，说明 ERG 阀的工作原理。

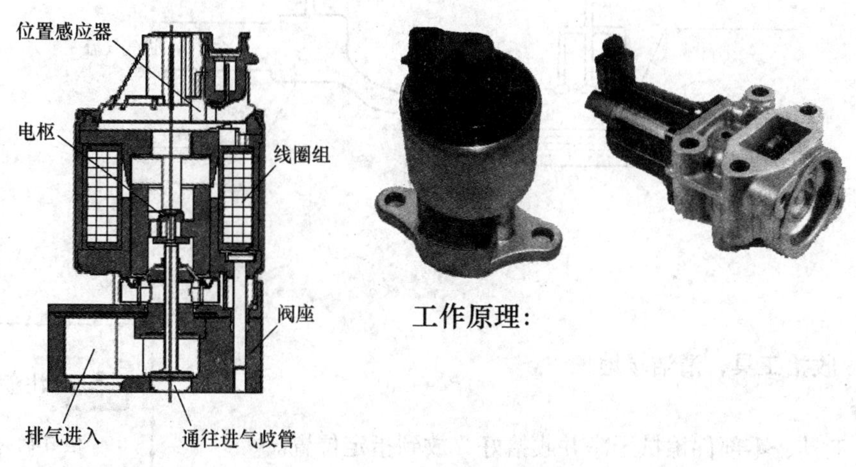

工作原理:

小组讨论学习燃油蒸发控制系统知识，完成下列题目

1. 看图填空并回答问题。

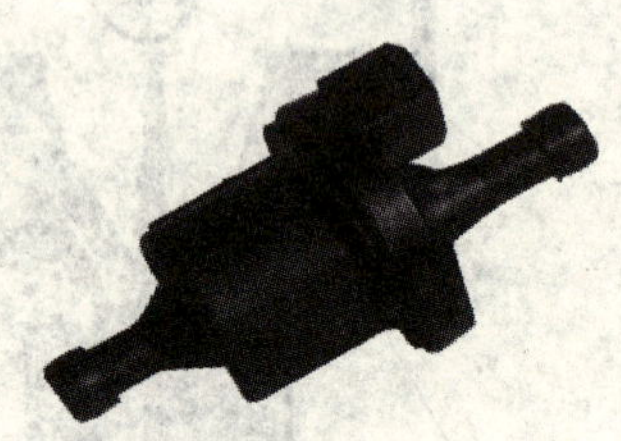

名称：__________　　　　名称：__________

功用：__________　　　　功用：__________

2. 燃油蒸发控制系统的英文简称是__________，看图填空并简述其工作原理。

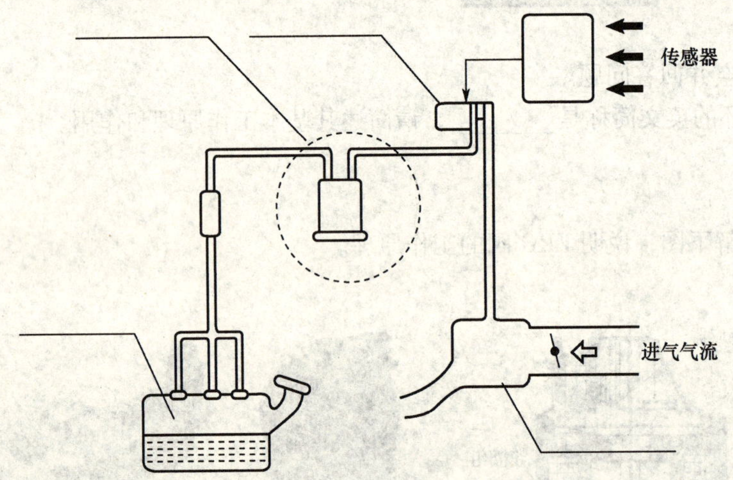

工作原理：

收拾工具，清洁场地

1. 将工具、零部件擦拭干净并收拾好，放到指定位置。
2. 各小组清洁各自工位，包括设备、工作台，值日组清扫场地。
3. 离开实训室(课室)时确认关电、关窗、锁门。

注意事项

值日的每个组员必须参与，严禁坐享其成。

【活动三　认识发动机自诊断系统】

小组合作，读取发动机故障码

1. 小组合作，找出你所在小组的发动机实训台或汽车上的自诊断插座。

2. 读取发动机故障码，写出你所在的小组读取故障码的方法及读出的故障码。

读码方法：

故障码：

故障码含义：

注意事项

1. 每个组员务必认真参与，该技能将直接应用于你今后的工作；

2. 善于查找参考资料或维修手册。

3. 清除发动机故障码，写出你所在的小组清除故障码的方法。

4. 再次读取故障码，如果没有故障码则说明什么？

如果还有故障码则说明什么？

现在的故障码为：

故障码含义：

你将如何进行维修？

注意事项

1. 请认真理解历史故障码与当前故障码；

2. 请认真分析故障码含义，分析可能的故障点。

5. 小组合作，排除故障码指示的故障，记录排除方法。

注意事项

在动手排除故障前必须小组深入讨论，找出可行方法。

6. 如何确认故障已真正排除？

小组讨论总结发动机自诊断系统相关知识，完成下列题目

注意事项

1. 各组员请认真思考总结，这将有利于你将来的工作；
2. 认真理解发动机自诊断系统的基本工作原理；
3. 不要完全依赖发动机自诊断系统，否则可能钻死角。

1. 你所在小组的发动机的自诊断系统可检测发动机的哪些部分(部件)？

2. 什么情况下发动机自诊断系统会报故障码？

3. 自诊断系统报故障是否百分百可信？为什么？

小组合作，使用诊断仪诊断发动机。

注意事项

1. 诊断仪是汽车维修重要且贵重的设备，请认真学习使用方法，这将有利于你将来的工作；
2. 请按规范使用诊断仪，爱护设备。

1. 查资料，写出国内市场常见诊断仪的种类及品牌。

2. 小组讨论学习发动机诊断仪的使用方法并记录。

你所在的小组使用的诊断仪：

使用方法：

3. 分组使用发动机诊断仪，总结你所在的小组使用的诊断仪可对你所在的小组发动机完成哪些工作？

注意事项

重点理解发动机数据流传递的故障信息。

4. 分组使用发动机诊断仪读取发动机数据流，说说读数据流有什么意义？

注意事项

值日的每个组员必须参与，严禁坐享其成。

收拾工具，清洁场地

1. 将工具、零部件擦拭干净并收拾好，放到指定位置。
2. 各小组清洁各自工位，包括设备、工作台，值日组清扫场地。
3. 离开实训室(课室)时确认关电、关窗、锁门。

【活动四　学习总结与评价】

总结自己在此次学习活动中的表现

1. 回顾你在本项目中学到了哪些专业知识和技能。

注意事项

认真总结前阶段学习情况，注意利用课外时间复习薄弱点。

2. 对自己在此次学习活动中的态度表现进行评价。

优点和进步：

不足之处及改善方法：

3. 每组安排一名组员进行自我表扬与批评。

注意事项

1. 对自己及组员的评价务必做到客观公正，目的是让自己及组员表现更好；

2. 改善方法要切合实际，切忌说大话；

3. 发言的同学请注意用词用意，尽量放开嗓音，表现自信；

4. 对他人提出的批评与意见要虚心接受，不要心存敌意。

4. 小组内进行自评、互评，在评价表中给出相应分数，完成后上交指导老师。

5. 轮值组长对组员进行表扬与批评。

6. 记录组长及组员对你的评价及建议。

优点和进步：

不足之处及改善方法：